화점포석

전원바둑연구실 지음

모르고 바둑 두지 마라

전원문화사

화점포석 모르고 바둑 두지마라

2016년 8월 20일   2판 1쇄 발행

지은이 * 전원바둑연구실
펴낸이 * 남병덕
펴낸곳 * 전원문화사
07689 서울시 강서구 화곡로 43가길 30. 2층
        T.02) 6735-2100 F. 6735-2103
E-mail * jwonbook@naver.com
등록 * 1999년 11월 16일   제 1999-053호

바둑은 포석, 정석, 행마, 중반, 맥점, 사활, 끝내기 등 여러 가지 요소들로 이루어지는 게임이다. 그런데 이러한 요소들 중 포석처럼 유행에 민감한 분야도 없는 것 같다.

최근에 실전에서는 힘과 속도를 바탕으로 한 중앙 중심의 세력형 포석이 주류를 이루고 있다. 그런데 이러한 포석이 주류를 형성하기까지는 한국 바둑의 힘이 크게 작용했다고 할 수 있다. 조훈현, 이창호, 서봉수, 유창혁 등 한국의 4인방을 중심으로 한 한국 바둑이 세계 최강으로 우뚝 서기까지 실전에서 주로 사용했던 포석이 바로 힘과 속도를 중시하는 포석이었기 때문이다.

한국 바둑이 수면 위로 급부상하기 전까지만 해도 귀와 변의 실리를 중시하는 실리형 포석이 주류를 이루었다. 이러한 포석 유형은 모양을 중시하는 일본 바둑에서 연구가 가장 활발하게 이루어져 형성된 것이다. 그러나 힘을 바탕으로 한 한국 바둑의 전투력 앞에 번번이 모양 바둑의 약점을 드러내면서 최근엔 그들도 형태에 구애받지 않고 유행의 흐름에 편승하는 경향이 커졌다.

실리형 포석을 펼치고자 할 때 소목이 주로 사용되는 데 비해 세력형 포석은 화점이 주로 이용된다. 화점의 가장 큰 장점이라 할 수 있는 힘과 빠른 속도감이 이러한 포석을 펼치는 데 가장 부합하기 때문이다. 한때는 3·三 침입을 허용하면 너무 쉽게 실리를 내주는 화점의 약점 때문에 실전에서 꺼려 하는 경향이 강했지만 요즘엔 그러한 약점보다는 화점의 장점을 더욱 중시하는 추세가 되었다.

이 책은 이러한 현대 포석의 유행에 부응해서 요근래 실전에서 가장 많이 등장하고 있는 화점 포석의 유형들을 정리해 놓은 것이다.

뿐만 아니라 초·중급자들도 쉽게 이해할 수 있도록 하급자들의 관점에서 여러 가지 변화들을 정리해 놓음으로써 독자들의 기력 향상에 도움을 주고자 노력했다.

끝으로 이 책이 나오기까지 도움을 주신 전원문화사 사장님 이하 모든 분들께 감사의 말씀을 전한다.

차 례

제1장

화점의 운영

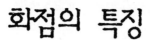

화점의 특징

화점은 속도감 있는 포석을 펼치고자 할 때 유력한 수이다. 화점은 자체가 세력의 성격을 띠고 있기 때문에 A나 B 방면에 직접 전개할 수 있는 장점을 지니고 있다. 그러나 상대가 C의 3·三에 침입하면 쉽게 귀의 실리를 내주는 약점도 지니고 있다.

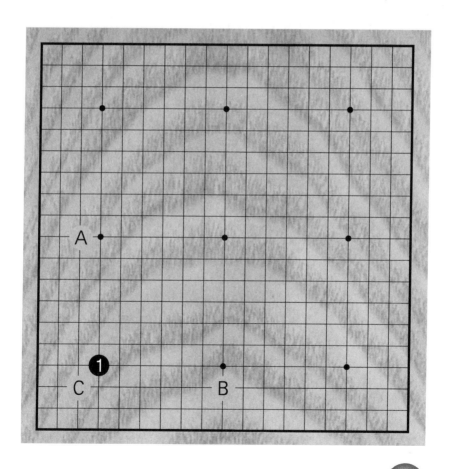

그림1(급하지 않다)

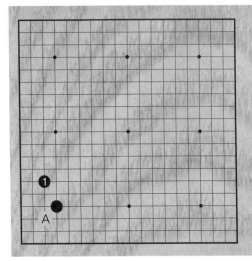

화점은 소목과 달리 곧장 변으로 전개해서 세력을 확장하는 것이 일반적이다. 흑❶의 날일자해서 귀를 굳혀도 A의 3·三이 비어 있기 때문에 완전한 집으로 볼 수 없다. 결국 화점에서는 귀굳힘이 급하지 않다는 결론이다.

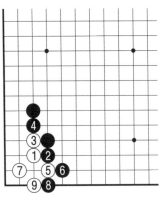

그림2(귀의 뒷맛)

앞 그림 이후 백은 기회를 봐서 ①로 침입하는 수가 성립한다. 백①에는 흑❷로 막는 한 수인데, 이하 백⑨까지 패가 된다. 그러나 백도 패를 지는 날에는 귀의 실리와 함께 막강한 세력을 허용하므로 결행 시기를 잘 결정해야 한다.

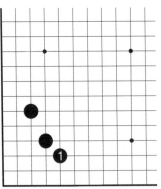

그림3(3수가 필요)

날일자 굳힘에서 귀를 완전한 흑집으로 굳히기 위해서는 흑❶로 입구자로 지키는 것이 요령이다. 흑❶로 지키는 수순이 흑에게 돌아오면 흑도 귀의 실리와 함께 상당한 세력을 형성하고 있는 모습이다.

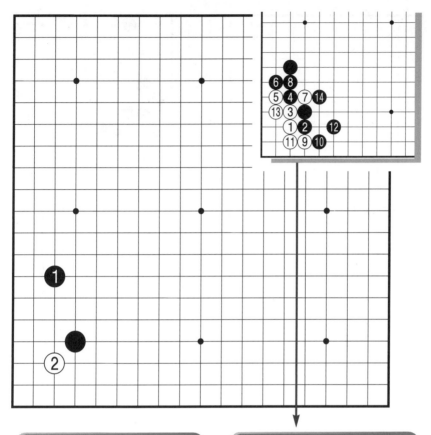

그림4(눈목자 굳힘)

그림5(선수로 산다)

흑❶의 눈목자 굳힘일 경우에는 백이 ②로 3·三 침입하면 패도 되지 않고 쉽게 살게 된다. 흑❶의 눈목자 굳힘은 자신의 집을 굳히기보다는 상대의 세력을 견제할 때 사용하는 것이 보통이다.

백①로 침입하면 흑은 ❷로 막는 정도이다. 계속해서 백③으로 밀고 이하 흑⓮까지가 기본 정석인데, 백이 선수로 귀의 실리를 차지한 모습이다. 그러나 흑도 막강한 세력을 구축하고 있는 모습이므로, 백으로선 3·三 침입의 결행 시기를 잘 결정해야 한다.

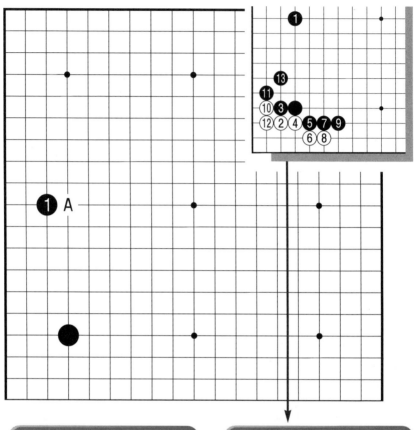

그림6(벌림이 우선)

화점은 귀를 굳히기 보다는 흑❶처럼 변으로 전개하는 것이 보다 박력 있는 수이다. 흑❶로는 A에 전개하거나 하변에 벌리는 수도 훌륭하다.

그림7(흑, 충분)

흑❶로 전개했을 때 백이 ②로 3·三 침입하면 귀는 백이 선수로 차지하게 된다. 그러나 이하 흑❸까지 흑이 막강한 세력을 구축하면 미리 전개해 둔 흑❶과 어울려 이상적인 모습이다. 이 결과는 흑이 활발한 모습이다.

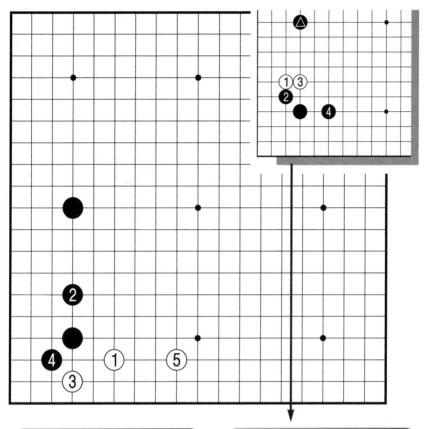

그림8(걸침이 보통)

백은 앞 그림처럼 3·三에 침입하기 보다는 백①처럼 날일자로 걸치는 것이 가장 상식적인 수이다. 계속해서 흑❷로 받고 이하 백⑤까지 실전에 흔히 등장하는 형태이다. 이형태는 쌍방 불만 없는 모습이다.

그림9(잘못된 방향)

백이 앞 그림처럼 아래쪽에서 걸치지 않고 ①로 걸치는 것은 매우 좋지 않다는 것을 꼭 기억해야 한다. 흑은 ❷로 마늘모 붙인 후 백③ 때 흑❹로 받는 것이 좋은 수순으로 흑▲ 한 점이 공격에 가담하고 있는 모습이므로, 백의 고전이다.

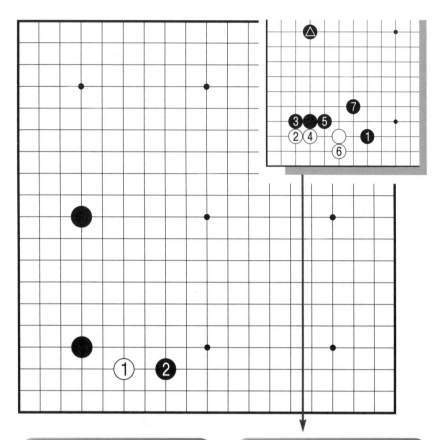

그림10 (유력한 작전)

백①로 걸쳤을 때 흑이 [그림8]처럼 받으면 가장 평범하다. 흑❷의 한 칸 협공은 현대에 와서 개발된 수법으로 현대 화점 포석에서 흔히 등장하는 협공수이다.

그림11 (이상적인 흑)

흑❶로 협공하면 백은 ②로 3·三 침입하는 것이 가장 알기 쉽다. 계속해서 흑❸으로 막고 이하 흑❼까지가 기본 정석인데, 흑△와 호응해서 흑의 세력이 이상적인 형태를 취하고 있다. 그러나 백도 선수로 실리를 차지해서 전혀 불만 없는 모습이다.

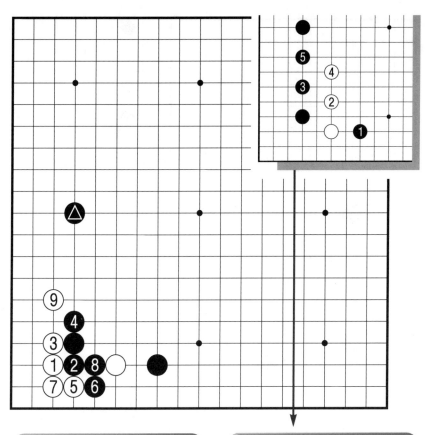

그림12(방향 착오)

앞 그림의 수순 중 백이 ①로 3·
三 침입했을 때 흑❷로 막는 것은
이 경우 매우 좋지 않다는 것을 꼭
기억해야 한다. 이하 백⑨까지의
정석 진행이 필연인데, 미리 벌려
둔 흑△ 한 점이 전혀 쓸모 없는
돌이 되고 말았다.

그림13(백의 고전)

흑❶로 협공했을 때 백이 3·三에
들어가지 않고 단순히 ②로 한 칸
뛰는 것은 특별한 경우가 아니면
좋지 않다. 이하 흑❺까지 흑집은
자동적으로 굳어지고 있는 반면에
백은 여전히 불안전한 모습이다.

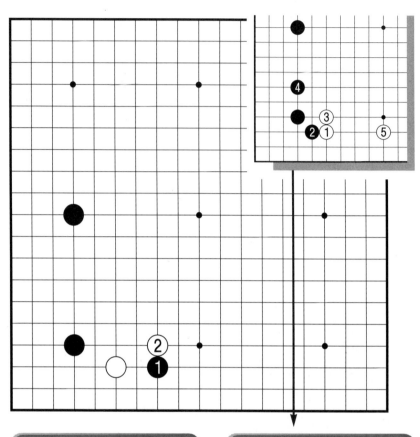

그림14 (백의 견제)

그림14 (백의 견제)

흑❶로 협공했을 때 백이 [그림11]
와 같은 진행을 피하고 싶다면 ②
로 붙여서 응수를 묻는 것이 가장
일반적이다. 이후의 변화는 정석에
관한 책을 참고하기 바란다.

그림15 (흑의 속수)

백①로 걸쳤을 때 하급자들이 가장
범하기 쉬운 실수는 흑❷로 마늘모
붙이는 수이다. 얼핏 귀의 흑집을
능률적으로 지킨 것처럼 보이지만
백 모양이 이립삼전(二立三展)의
이상적인 형태를 취하고 있다는 것
에 주목해야 한다.

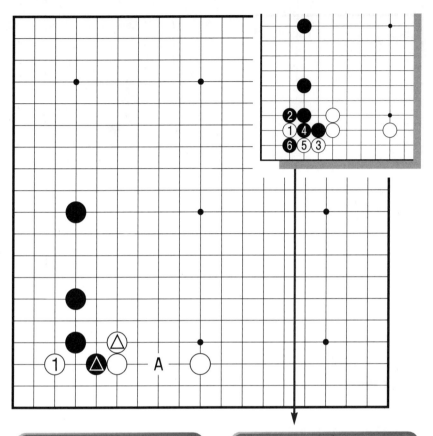

그림16(흑의 약점)

그림17(귀의 처리)

뿐만 아니라 귀의 흑은 백①로 침입하면 쉽게 무너지고 만다. 반면 흑▲와 백△의 교환 때문에 흑은 A에 침입할 수 없다. 결국 흑▲와 백△의 교환이 대악수라는 결론이다.

백①로 침입하면 흑은 ❷로 막는 정도이다. 계속해서 백③으로 연결하고 이하 흑❻까지 일단락인데, 귀의 흑집이 많이 침식된 모습이다.

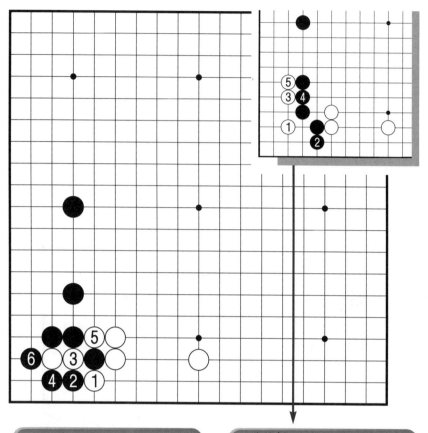

그림18(또 다른 처리)

백① 때 흑은 곧장 ❷로 막아서 두는 수도 가능하다. 백③ 때 흑❹로 단수치는 것이 하나의 처리법. 계속해서 백⑤로 따내고 흑❻으로 단수쳐서 일단락이다.

그림19(손해가 크다)

백① 때 흑❷로 내려서는 수는 오른쪽 백돌에 대한 공격을 노릴 때 쓰이는 수. 그러나 지금과 같은 경우에는 이하 백⑤까지 자신의 집만 파괴될 뿐 백돌에 대한 공격이 불가능한 만큼 흑이 손해이다.

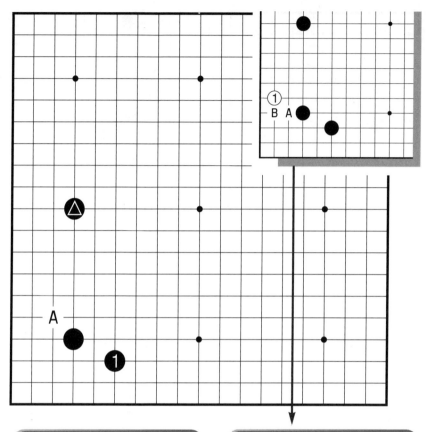

그림20(세력 확장)

그림21(백의 견제)

흑▲로 전개한 이후 흑에게 손실이
돌아온다면 흑❶로 지키는 수가
좋은 수가 된다. 이후 흑이 A에 두
어 귀를 지키면 흑의 세력은 완전
한 집으로 굳어지게 된다.

위의 그림 이후 백은 ①로 저공비
행해서 흑 세력을 견제하는 것이
보통이다. 백①로는 A나 B에 두는
수도 가능하다.

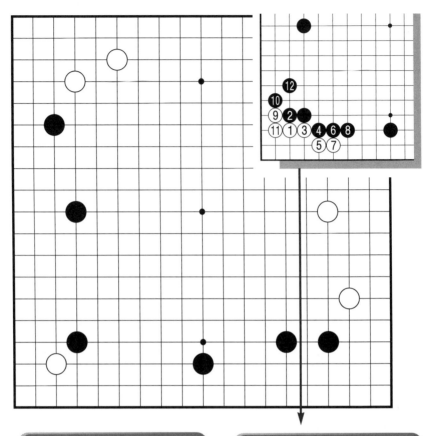

그림22(발빠른 전개)

흑은 날일자로 지키지 않고 발빠르게 ❶로 전개하는 수도 가능하다. 흑❶로 전개하면 백으로선 ②로 3·三 침입하는 것이 시급한 수가 된다.

그림23(기본 정석)

백①로 침입하면 흑은 ❷로 막는 것이 올바른 방향이다. 계속해서 백③으로 밀고 이하 흑⑫까지가 기본 정석인데 쌍방 불만 없는 갈림이다. 백으로선 선수로 흑 세력을 대폭 견제했다는 것이 위안거리이다.

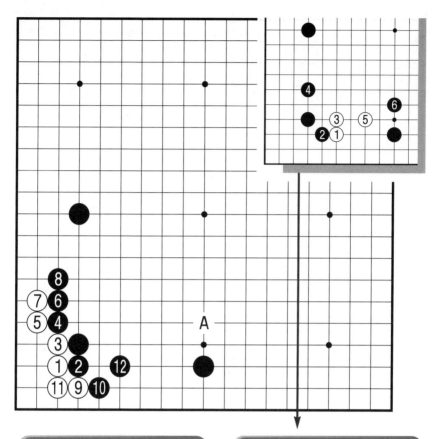

그림24(방향 착오)

백① 때 똑같은 막음이라도 흑❷로 막는 것은 방향 착오이다. 이하 흑 ⓬까지 앞 그림의 정석 수순과 동일하지만 앞 그림과 달리 백이 A로 모자 씌워 삭감하는 수가 남는다는 것이 흑의 불만이다.

그림25(백, 피곤)

백이 3·三에 들어가지 않고 ①로 걸치는 것은 좋지 않다. 흑은 이 경우 ❷로 마늘모 붙인 후 이하 ❻까지 공격하는 것이 좋은 수순이다. 백으로선 일방적으로 공격받는 만큼 피곤한 모습이다.

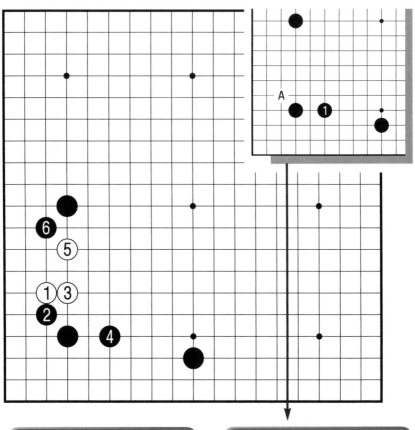

그림26(대동소이)

그림27(이상적인 포진)

백①로 걸치는 수 역시 앞 그림과 대동소이하다. 흑은 ❷로 마늘모 붙인 후 이하 백⑤까지 진행되었을 때 ❻으로 입구자하는 수가 상대의 근거를 빼앗는 좋은 수이다. 이 형태 역시 백이 일방적으로 몰리는 모습이다.

백이 3·三 침입을 게을리 해서 흑에게 손이 돌아온다면 ❶로 한 칸 뛰어 지키는 것이 좋은 수이다. 또 다시 흑에게 손이 돌아와서 A에 가일수하게 되면 흑의 큰 모양이 모두 집으로 굳어지게 된다.

제2장

유행 화점포석

석 제2상 유행 화섬포석
석 제2장 유행 화점포석
석 제2장 유행 화점포석
석 제2장 유행 화점포석
석 제2장 유행 화점포석

제2상 유행 화섬포석 유행 화섬
제2장 유행 화점포석 유행 화점
제2장 유행 화점포석 유행 화점
제2장 유행 화점포석 유행 화점
제2장 유행 화점포석 유행 화점

장면도 1

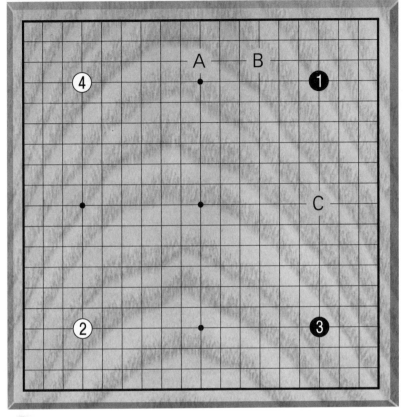

● 둘 차례

현대 포석에서 가장 많이 등장하는 2연성 포석이다. 백④까지 흑
과 백이 모두 화점을 차지한 모습인데, 흑으로선 다음 수가 작전의
기로이다. 포석 단계에선 어떻게 두어도 한 판이라고 생각할 수 있
지만 이와 같은 배석이라면 흑의 다음 착점은 거의 결정적이라 할
수 있다. A · B · C만을 놓고 볼 때 화점의 특성을 가장 잘 활용하
는 수는 어느 곳일까?

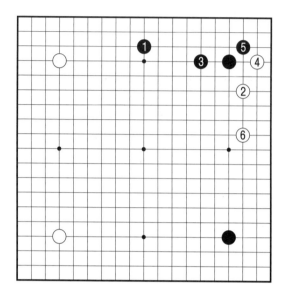

그림1(흑, 불충분)

흑❶로 전개하는 것은
화점의 특성을 어느 정
도 이해한 수이다. 그
러나 백②로 걸치고 이
하 ⑥까지의 진행을 예
상할 때 흑으로선 불충
분한 모습이다. 흑 모
양은 상하로 나뉘어 큰
집을 기대하기 힘든 형
태이다.

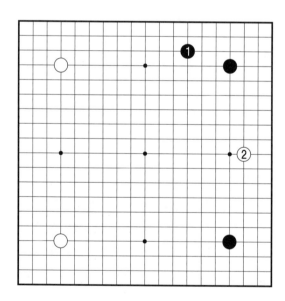

그림2(급하지 않은
귀굳힘)

화점은 귀를 굳혀도 한
수로 집이 되지 않는다
는 특성이 있다. 결국
흑❶의 귀굳힘은 급하
지 않다는 결론이다. 백
②면 앞 그림과 대동소
이한 양상의 포석이다.

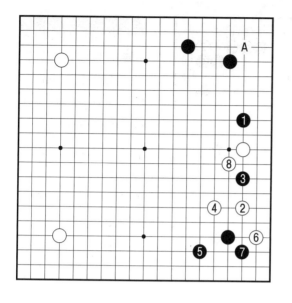

그림3 (화점의 약점)

앞 그림 이후 흑❶로 다가서서 백 한 점을 공격한다면 백은 ②이 하 ⑧까지 안정하는 것 이 좋은 수순이다. 흑 은 여전히 A의 약점이 남아 있는 만큼 비능률 적인 모습이다.

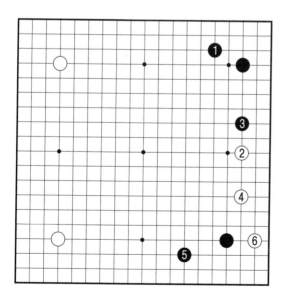

그림4 (차이점)

우상귀가 소목이라면 흑❶로 귀를 굳히는 수 가 상당한 가치를 지닌 다. 화점과 달리 소목 은 단 한 수로 완전한 집으로 굳힐 수 있다는 것이 큰 차이점이다. 백⑥은 쌍방 근거의 요 처이다.

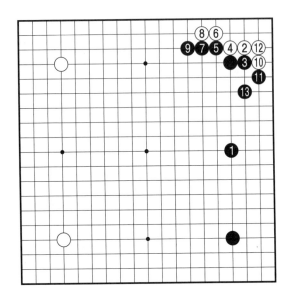

그림5(3연성 포석)

흑❶로 3연성을 펼치는 것이 화점의 특성을 가장 잘 활용하는 수이다. 백이 ②로 3·三 침입은 대환영. 흑❸이 올바른 방향으로 이하 ⓭까지 진행. 이 형태는 흑❶이 강한 세력을 배경으로 변으로 발전한 모습이므로 흑이 유리하다.

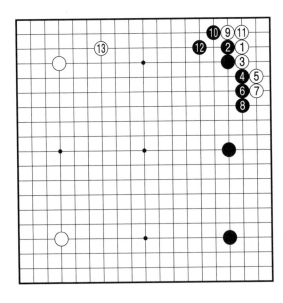

그림6(방향 착오)

백① 때 흑❷로 막는 것은 방향 착오이다. 계속해서 백③으로 밀고 이하 흑⓬까지가 기본 정석인데, 백이 ⑬으로 눈목자하면 세력의 위력이 대폭 삭감된다. 우변은 뒷문이 열려 있는 만큼 가치가 떨어진다.

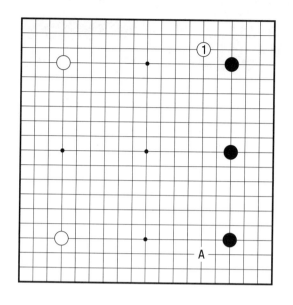

그림7(견제 방법)

흑이 3연성을 펼치면 흑의 세력 확장을 견제하기 위해 백은 ① 또는 A에 걸치는 것이 가장 많이 사용된다. 백도 흑의 3연성에 맞서 좌변에 3연성을 펼칠 수 있지만 여기선 논외로 한다.

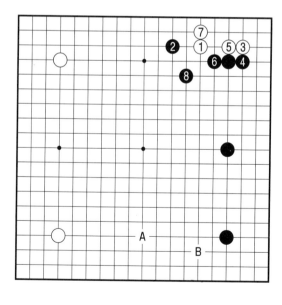

그림8(유력한 작전)

백① 때 3연성을 최대한으로 활용하는 흑❷로 협공하는 것이다. 흑❷면 백③의 3·三 침입이 가장 간명한 선택으로, 이하 흑❽까지가 기본 정석. 이후 백이 선수를 취해 A나 B에 두면 훌륭한 한 판의 바둑이다.

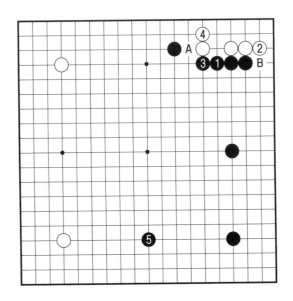

그림9(유력)

흑❶ 때 백이 앞 그림
처럼 두지 않고 백②로
내려서는 수도 성립한
다. 백②는 발은 느리
지만 실리를 중시한 수
이다. 이후 흑은 A 또
는 B에 둘 수도 있지
만 손을 빼서 발빠르게
큰 곳을 선점하는 것이
유력한 작전이다.

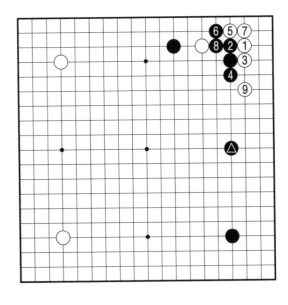

그림10(방향 착오)

백① 때 흑❷로 막는
것은 방향 착오이다.
백⑨까지가 기본 정석
인데, 흑으로선 미리
벌려둔 흑▲ 한 점을
적절히 활용하지 못한
모습이다.

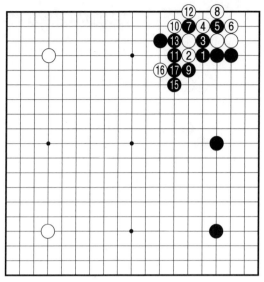

⑭ … ❼

그림11(변칙 수단)

흑❶ 때 백②로 밀어 올리는 수는 변칙 수단으로 이후의 변화를 자세히 알아둘 필요성이 있다. 백②에는 흑❸, ❺로 나가 끊는 것이 정확한 대응이다. 백⑥으로 잡을 수밖에 없을 때 흑⓱까지는 [그림8]보다도 흑의 세력이 막강하다.

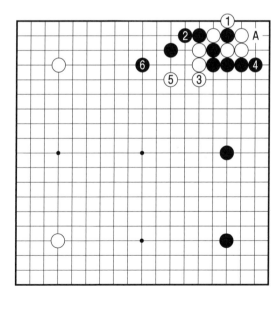

그림12(흑의 선택)

백①로 따냈을 때 흑은 강력하게 ❷로 뻗는 수도 성립한다. 계속해서 백③은 절대, 흑❹가 침착한 호착으로 흑이 유리한 싸움이다. 귀의 백은 흑이 A에 붙이면 패가 되는 만큼 백의 부담으로 남아 있다.

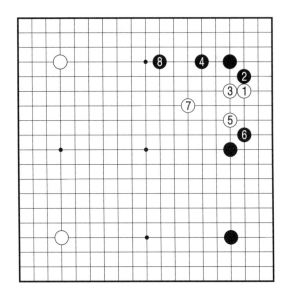

그림13(백의 욕심)

앞 그림에서, 걸치지 않고 백①로 걸치는 것은 욕심이 지나친 무리수이다. 백①에서 흑❽까지 흑은 공격하면서 실리를 챙기는 것이 요령이다. 백으로선 미생마만 부담으로 남는 만큼 매우 불리한 형태이다.

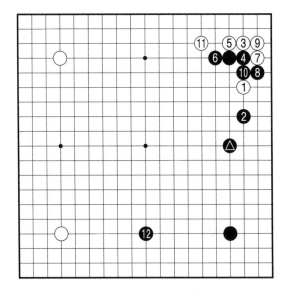

그림14(흑, 중복)

백① 때 흑❷로 협공하는 것은 의문의 정석 선택. 백은 ③으로 3·三에 들어간 후 이하 ⑪까지 실리를 차지해서 대만족이다. 반대로 흑은 ▲ 한 점을 포함해서 세력을 만들기 위해 너무나 많은 돌을 투자한 모습이다.

포석 제2장 유행 화점포석
포석 제2장 유행 화점포석
포석 제2장 유행 화점포석
포석 제2장 유행 화점포석
포석 제2장 유행 화점포석

제2장 유행 화점포석 유행 화
제2장 유행 화점포석 유행 화
제2장 유행 화점포석 유행 화
제2장 유행 화점포석 유행 화
제2장 유행 화점포석 유행 화

장면도 2

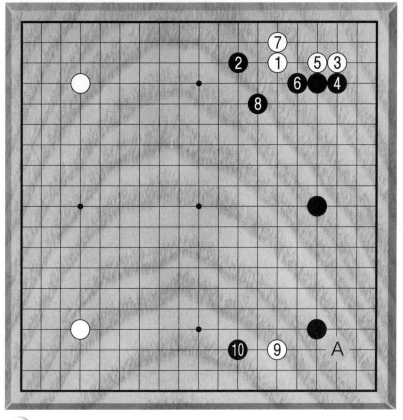

 둘 차례

백①로 걸쳤을 때 흑❷의 한 칸 협공은 3연성 포석을 효율적으로 운영하는 방법 중 하나이다. 백③으로 3·三 침입하고 이하 흑❽까지는 상용의 정석 형태. 계속해서 백⑨로 걸치고 흑❿으로 또다시 한 칸 협공했을 때가 백으로선 작전의 기로이다. 이후 백이 A에 두는 것은 흑의 주문대로 이므로 백은 달리 두는 변화를 모색하고 싶은데, 이 경우 어떻게 두는 수가 있을까?

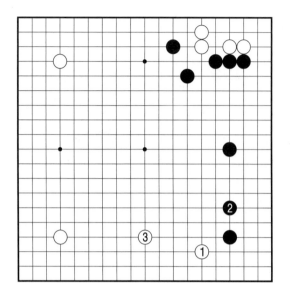

그림1(백, 활발)

백①로 걸쳤을 때 단순하게 흑❷로 받는 것은 3연성 포석을 최대한으로 활용하지 못하는 수. 백③으로 전개하면 흑은 두텁기는 하지만 세력이 중앙으로 발전하지 못하고 우변에 편중된 모습이다.

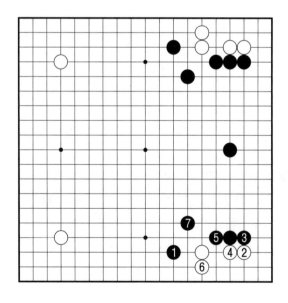

그림2(흑의 의도)

흑❶로 협공했을 때 백②로 3·三에 둔다면 흑❸으로 막아 이것은 흑이 의도하는 바이다. 이하 흑❼까지 앞 그림과 달리 흑 세력이 크게 활기를 띠는 형태이다.

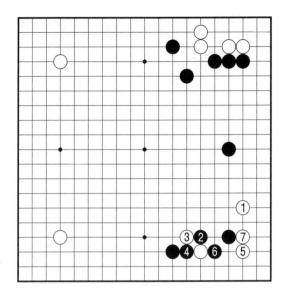

그림3(백의 바람)

백①로 양걸침하는 수
는 상수들이 하수들을
상대로 종종 사용하는
수. 계속해서 흑❷로
붙인다면 백③으로 젖
힌 후 이하 백⑦까지
처리해서 백이 원하는
대로이다. 흑은 우변의
3연성이 빛을 잃은 모
습이다.

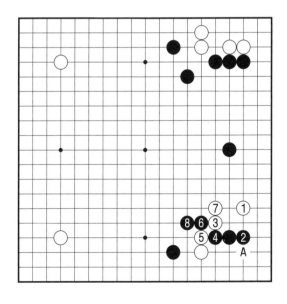

그림4(흑의 강수)

그러나 백①에는 흑❷
로 강력하게 맞서는 수
가 준비되어 있다. 백
①때 흑❷로는 A에 두
는 것도 가능하다. 계
속해서 백③으로 씌운
다면 흑❹, ❻으로 절
단한 후 ❽로 공격해서
백이 피곤한 모습이다.
결국 백①이 탐탁치 못
하다는 결론이다.

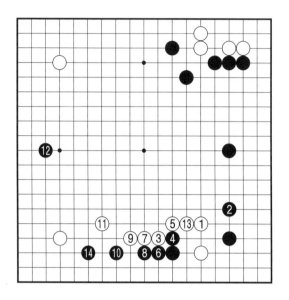

그림5(흑, 충분)

백①은 흑의 세력 작전을 저지하겠다는 뜻이지만 이 경우 좋지 않다. 흑❷로 받으면 백③으로 씌우는 수가 백①과 연관된 수법. 그러나 이하 백⑪까지 중앙에 쌓은 백 세력은 흑⑫의 갈라침에 의해 크게 빛을 잃는다.

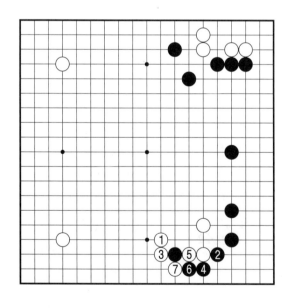

그림6(백, 만족)

백①로 씌웠을 때 흑이 앞 그림처럼 처리하지 않고 흑❷로 마늘모 붙이는 것은 실리에 연연한 수. 계속해서 백③으로 막고 이하 ⑦까지가 기본 정석인데, 우변의 흑 세력은 크게 제한받는 반면에 하변의 백 모양이 이상적으로 발전한다.

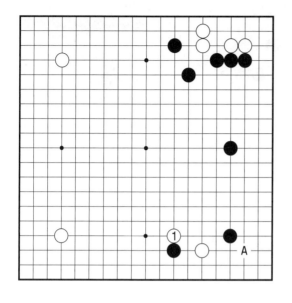

그림7 (최선의 선택)

A에 들어가는 것은 흑
이 원하는 바이므로 백
은 ①로 붙여 흑의 응
수를 묻는 것이 좋은
정석 선택이다. 이후
흑백간의 응수법을 검
토해 보기로 한다.

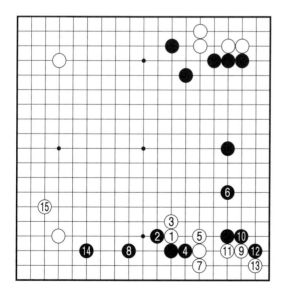

그림8 (백, 충분)

백① 이하 백⑮까지 진
행된다면 백으로선 소
기의 목적을 달성한 셈
이다. 무엇보다 백③으
로 올라선 한 점이 흑
세력을 견제하고 있다
는 것이 백의 자랑이다.

35

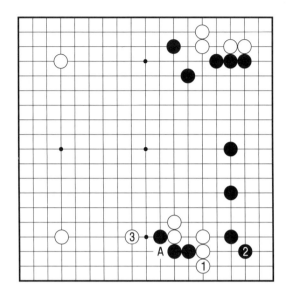

그림9(흑, 불만)

앞 그림의 수순 중 백①
때 흑❷로 마늘모해서
귀를 지키는 것은 의문
이다. 백③으로 협공하
는 것이 절호점으로, 흑
은 행마에 상당한 제약
을 받는다. 백③으로는
알기 쉽게 A에 끊는 수
도 성립한다.

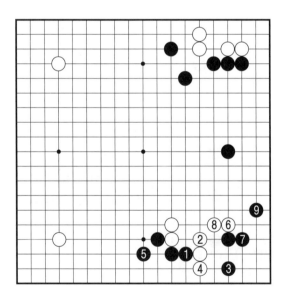

그림10(흑의 강수)

흑❶로 치받고 백②로
올라섰을 때 흑❸으로
귀를 지키는 것이 강수
이다. 이하 쌍방 최선
을 다한 수순이다. 3연
성은 큰 모양으로 확장
할 수 없을 경우, 이처
럼 공격에 활용하는 것
이 적절하다.

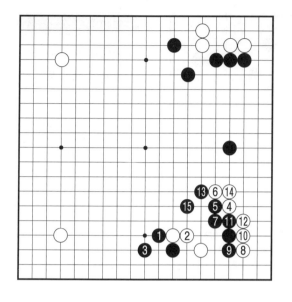

그림11(백, 충분)

흑❶로 젖혔을 때 백②로 끄는 변화이다. 이때 흑❸으로 호구치는 것은 두텁게 두겠다는 뜻인데, 백④의 양걸침이 절호점이 된다. 계속해서 흑❺로 붙이고 이하 흑⓯까지가 기본 정석인데, 아무래도 백이 편한 바둑이다.

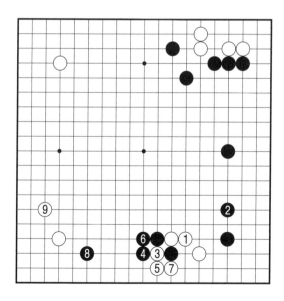

그림12(백, 수습)

그렇다고 백① 때 흑❷로 받는 수 역시 그리 좋은 결과를 기대하기 힘들다. 백으로선 쉽게 안정된 모습이다. 이 백돌이 안정되면 우변의 3연성은 큰 위력을 발휘하지 못한다.

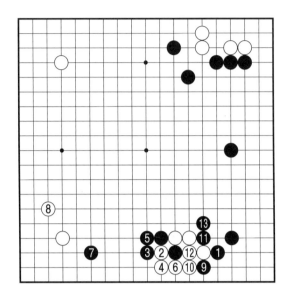

그림13(흑의 적극전법)

흑은 ❶로 마늘모 붙여 두는 것이 적극적인 전법이다. 계속해서 백②의 끊음에는 흑❸으로 단수친 후 ❺에 잇는 것이 수순. 이후 백⑥으로 단수치고 이하 흑❸으로 뻗는 자세가 우변의 3연성과 호응해서 이상적인 모양이다.

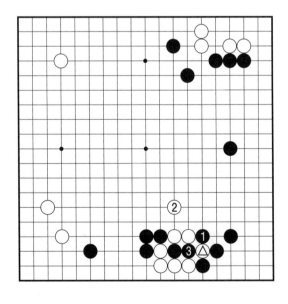

그림14(백, 미생마)

그렇다고 흑❶ 때 백②로 한 칸 뛰는 수 역시 좋은 결과를 기대하기 힘들다. 흑❸으로 따내면 백은 미생마 신세이다. 결국 [그림11]의 백②로 끄는 수가 좋지 않다는 결론이다.

포석 제2장 유행 화점포석
포석 제2장 유행 화점포석
포석 제2장 유행 화점포석
포석 제2장 유행 화점포석
포석 제2장 유행 화점포석

제2장 유행 화점포석 유행 화
제2장 유행 화점포석 유행 화
제2장 유행 화점포석 유행 화
제2장 유행 화점포석 유행 화
제2장 유행 화점포석 유행 화

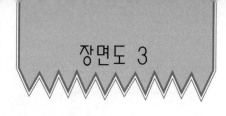

장면도 3

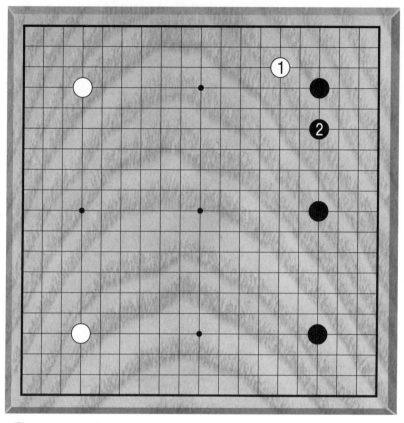

 둘 차례

백①로 걸쳤을 때 흑이 한 칸으로 협공하는 변화는 앞의 포석 유형
에서 살펴봤다. 이번에는 백①로 걸쳤을 때 속도를 중시하는 현대
포석의 흐름에 부응해서 단순하게 흑❷로 받는 포석 유형에 대해 알
아본다.

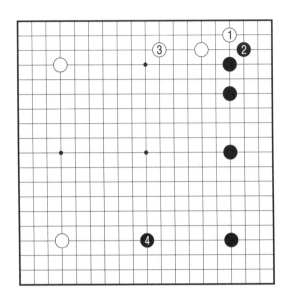

그림1(평범)

흑이 한 칸으로 받으면 백은 ①로 날일자하는 것이 가장 보편적인 수단이다. 계속해서 흑❷로 받는다면 백③으로 두 칸 벌려 극히 상식적인 진행이다.

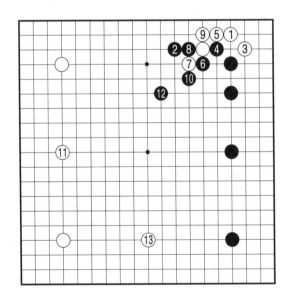

그림2(백, 활발)

백① 때 흑❷로 협공하는 것은 한때 꽤나 유행했던 수법이다. 계속해서 백③에는 흑❹ 이하 ❿까지 백 한 점을 축으로 잡는 것이 요령. 그러나 백이 ⑪로 축머리를 활용한 후 흑 ⓬ 때 ⑬으로 전개하면 백이 속도에서 돋보이는 바둑이다.

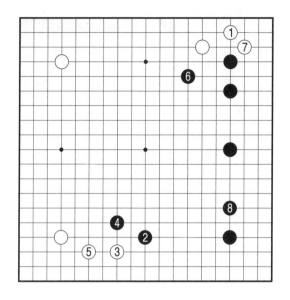

그림3 (최신형)

백①에는 귀를 결정짓지 않고 흑❷로 전개하는 것이 최신형이다. 계속해서 백③으로 흑의 세력 확장을 견제한다면 흑❹로 백⑤를 응수시킨 후 흑❻으로 뛰는 것이 호방한 작전. 극단적인 실리와 세력으로 대항하는 바둑이다.

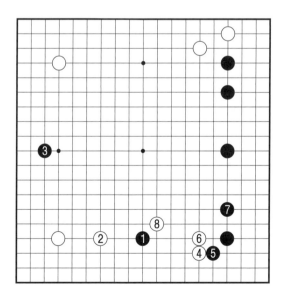

그림4 (백의 견제책)

백은 앞 그림과 같은 진행을 피하고 싶다면 백②로 두 칸 벌리는 수도 가능하다. 계속해서 흑❸으로 갈라친다면 백④로 걸치는 것이 요령으로 흑❺, ❼에는 이하 백⑧까지 처리해서 충분하다.

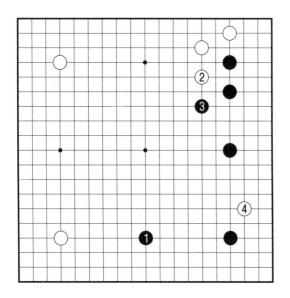

그림5 (백의 변화)

흑❶로 전개했을 때 백
은 ②로 한 칸 뛰는 수
도 가능하다. 계속해서
흑❸으로 백의 확장선
을 제지하면 백④도 걸
치는 것이 이 경우 적
절한 침입 수단이다.

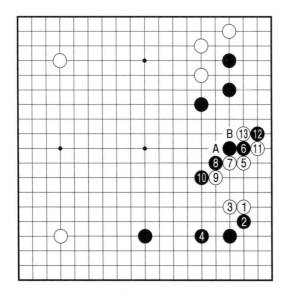

그림6 (상용 수법)

백① 때 흑❷면 백③에
잇고 ❹로 공격한다면
백⑤가 상용의 수습법
이다. 계속해서 흑❻
으로 막고 이하 백⑬
까지가 기본형인데,
흑으로선 A에 이어야
할지 아니면 B에 단수
쳐야 할지 선택의 기
로에 선다.

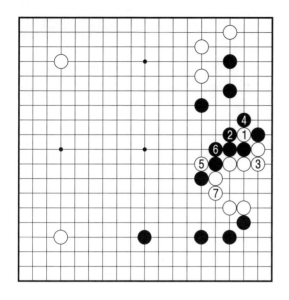

그림7 (흑, 중복)

백① 때 흑❷로 몰면, 백⑤, ⑦로 안정하는 것이 요령이다. 이 형태는 흑이 강한 진영에서 백이 두텁게 안정된 반면에 흑은 중복된 상황이다.

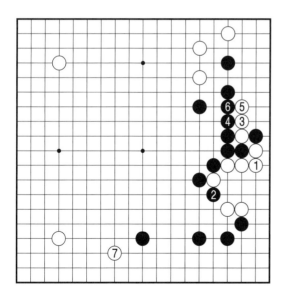

그림8 (백, 충분)

그렇다고 백① 때 흑❷로 단수치는 수 역시 좋은 결과를 기대하기 힘들다. 백③으로 뻗으면 흑은 ❹로 막을 수밖에 없는데, 백⑤ 흑❻까지 흑은 후수를 자초할 뿐이다.

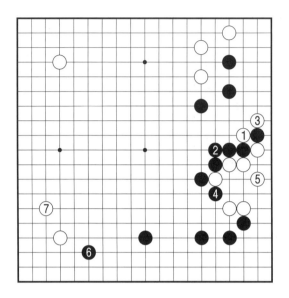

그림9(흑의 정수)

백①의 끊음에는 흑❷로 잇는 한 수이다. 계속해서 백은 ③으로 단수치는 한 수인데 흑❹를 선수한 후 흑❻으로 걸치는 것이 수순. 흑은 우변을 안정시켜 준 대가로 두터운 세력을 쌓아 충분히 둘 수 있는 형태이다.

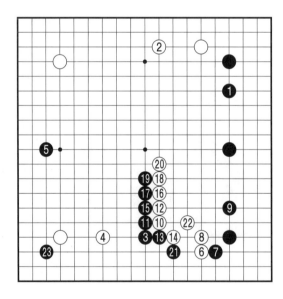

그림10(두 칸 벌림)

흑❶ 때 곧장 백②로 두 칸 벌리는 수도 가능하다. 계속해서 흑❸으로 전개하고 이하 흑㉓까지의 수순은 일본 명인전 도전기에 등장했던 조치훈 9단(흑)과 다케미야 9단간의 실전보이다.

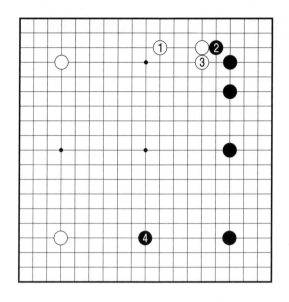

그림11(백, 충분)

보통 백①과 같이 두 칸 벌리는 수는 포석의 기본 이론상 흑❷, 백 ③까지 이립이전(二立二展)이 되어 좋지 않다고 되어 있다. 그러나 이와 같은 배석에선 백③으로 올라선 돌이 흑 세력을 견제하고 있는 모습이라 백도 충분히 둘 수 있다.

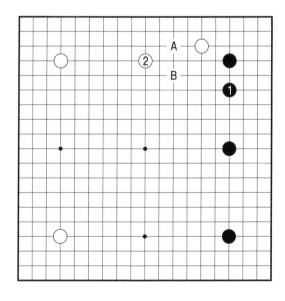

그림12(다른 처리법)

흑❶ 때 백은 ②로 전개하는 수도 성립한다. 이 형태는 두 칸 벌림에 비해 발이 빠른 대신에 A의 침입수가 남고 B 방면에서의 활용이 남는 것이 단점이다.

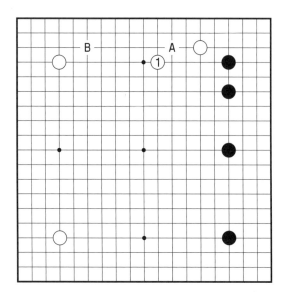

그림13 (눈목자)

백은 ①로 눈목자하는 수도 가능하다. 백①은 앞 그림과 달리 A 방면의 침입이 완화된 반면에 흑B의 걸침이 수월하다는 장단점이 있다.

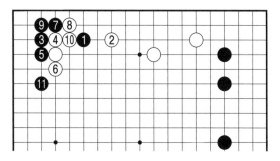

그림14 (절대의 협공)

흑은 기회를 봐서 ❶로 걸치는 것이 좋은 점이다. 계속해서 백은 백②로 협공할 수밖에 없다는 것이 고민. 계속해서 흑❸으로 3·三에 침입한다. 백도 하등 불만은 없다.

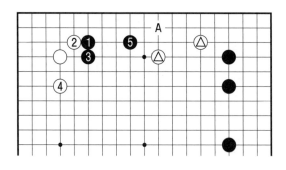

그림15 (백의 약점)

흑❶ 때 백이 앞 그림처럼 협공하지 않고 백②, ④로 받는 것은 좋지 않다. 흑❺로 전개하면 A의 뒷문이 열려 있는 만큼 백△ 두 점이 약한 모습이다.

46

포석 제2장 유행 화점포석
포석 제2장 유행 화점포석
포석 제2장 유행 화점포석
포석 제2장 유행 화점포석
포석 제2장 유행 화점포석

제2장 유행 화점포석 유행 화
제2장 유행 화점포석 유행 화
제2장 유행 화점포석 유행 화
제2장 유행 화점포석 유행 화
제2장 유행 화점포석 유행 화

장면도 4

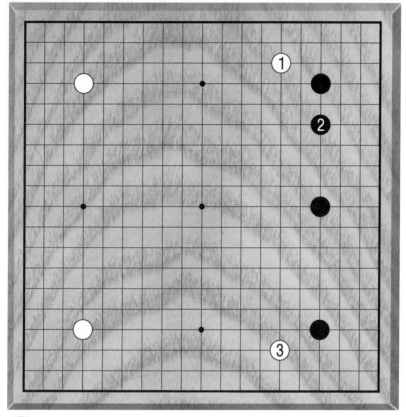

● 둘 차례

백①로 걸치고 흑❷로 받았을 때 우상귀에 걸친 백 한 점의 처리를
뒤로 한 채 곧장 백③으로 걸치는 수법이 최근에 개발된 수법이다.
이 경우 흑은 어떻게 처리해야 하는지 상세히 알아보기로 한다.

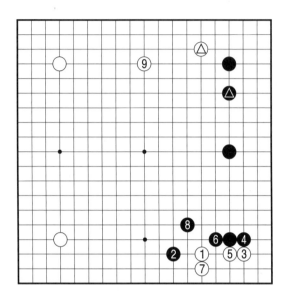

그림1(큰 활용)

백①로 걸친 것은 흑❷로 협공해 달라는 것이다. 계속해서 백③으로 3·三에 들어가는 진행이다. 선수가 백에게 돌아가서 결국 백⑨로 전개해 상변은 백의 차지가 되는데, 백으로선 미리 교환해 둔 백△와 흑▲가 기분 좋은 선수 활용인 셈이다.

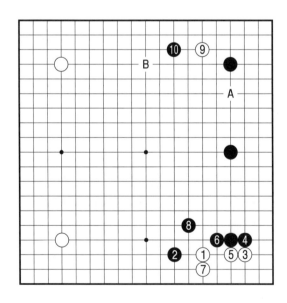

그림2(당연한 협공)

백⑨ 때 흑은 당연히 ❿으로 협공할 것이다. 그런데 앞 그림은 백⑨ 때 흑은 당연히 ❿으로 협공할 것이다. 그런데 앞 그림은 백⑨ 때 흑이 A로 받고 백B로 전개한 모습이므로, 당연히 백이 활발하다.

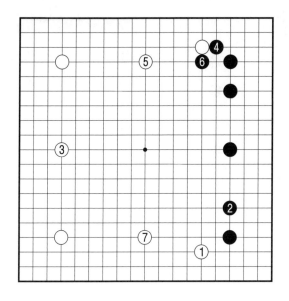

그림3 (백의 3연성)

결국 백① 때 흑은 ❷
로 받는 정도이다. 흑
❷는 위아래 쪽 백돌
중 어느 한쪽을 공격하
겠다는 뜻이다. 그런데
여기서 백은 역으로 3
연성을 펼치는 것이 재
미있는 수법이다. 흑❹
에는 백⑤로 전개한 후
흑❻ 때 백⑦로 손을
돌려 백의 속도가 돋보
이는 포석 형태이다.

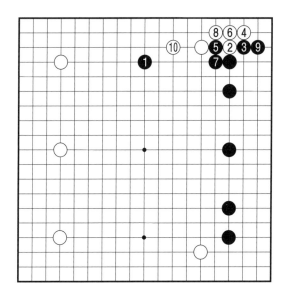

그림4 (흑의 협공)

흑은 앞 그림처럼 두지
못하고 ❶로 협공하는
수가 보편적이다. 계속
해서 백②로 붙인 후
④에 2단 젖힌 것은 상
용의 수습법. 이후
흑❺로 단수치고 이하
백⑩까지가 기본형인
데, 피차 충분히 둘 수
있는 형태이다.

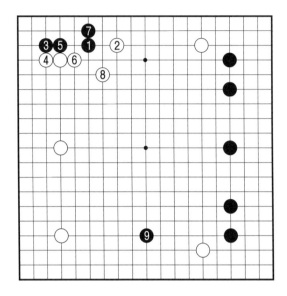

그림5 (변화)

흑❶로 걸치는 변화도
검토할 수 있다. 계속
해서 백②로 협공하고
이하 백⑧까지가 기본
정석. 선수를 잡은 흑
은 ❾로 협공하는 정도
인데, 이 역시 충분히
둘 수 있는 진행이다.

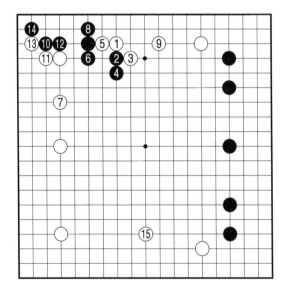

그림6 (백, 활발)

백①로 협공했을 때 흑
이 앞 그림처럼 3·三
에 두지 않고 흑❷로
붙이는 것은 이상 감각
이다. 계속해서 백은
③으로 젖힌 후 이하
흑⓮까지 알기 쉽게 처
리해서 충분하다. 좌상
귀를 선수로 처리한 후
백⑮에 손을 돌리면 백
이 활발한 모습이다.

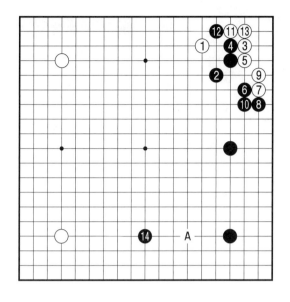

그림7 (마늘모)

백① 때 흑❷는 확실한 세력 작전으로 맞서겠다는 뜻이다. 백③으로 3·三에 침입한다면 흑❹로 막는 것이 흑❷와 연관된 수이다. 백③, ⑤에는 흑❻으로 날일자한 후 이하 백⑬까지 선수를 취하는 것이 요령. 이후 흑은 ⓮ 또는 A에 두어서 일관된 세력 작전을 펼칠 수 있다.

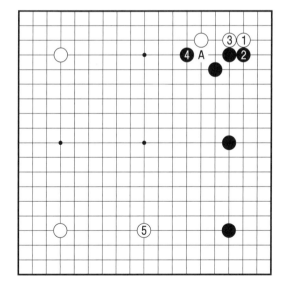

그림8 (고풍)

백① 때 흑❷는 한때 유행했던 수단. 백③에는 흑❹로 날일자하는 것이 세력을 확장하는 요령. 그러나 백은 A로 끊는 맛을 남긴 후 백⑤에 전개해서 앞 그림에 비해 속도에서 앞서 나갈 수 있다.

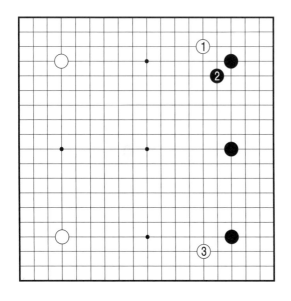

그림9(백, 손뺌)

백①, 흑❷ 때 3·三 침입을 보류한 채 곧장 백③으로 걸쳐가는 것이 근래 실전에서 자주 등장하는 수이다. 물론 백③은 속도를 중시하겠다는 뜻이다.

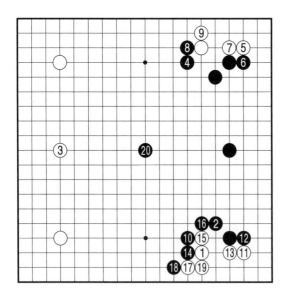

그림10(프로의 실전)

백①로 걸쳤을 때 흑❷로 마늘모하고 백③ 이하 흑⓴까지의 진행은 프로기사의 실전에서 등장한 형태이다. 일본 명인전 도전기에서 조치훈 9단과 다케미야 9단(흑)간의 실전으로 현대 포석의 흐름을 잘 보여 주고 있는 모습이다.

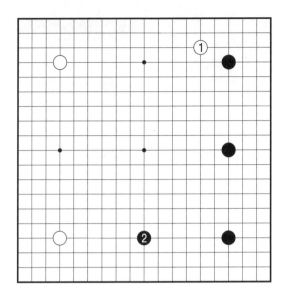

그림11(흑의 4연성)

백①로 걸쳤을 때 흑은 귀를 받지 않고 ❷로 전개하는 수도 가능하다. 흑❷는 이른바 4연성 포석으로 극단적인 세력 작전으로 맞서고자 할 때 고려할 수 있는 수단이다.

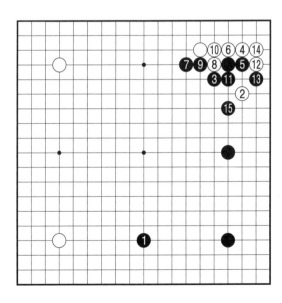

흑❶로 4연성을 펼치면 백은 ②로 양걸침하는 것이 당연한 기세이다. 계속해서 흑❸으로 마늘모하고, 이하 흑⓰까지는 쌍방 최선을 다한 수순이다. 그러나 이 형태는 흑이 약간 중복형이라 요근래 실전에선 잘 등장하지 않는다.

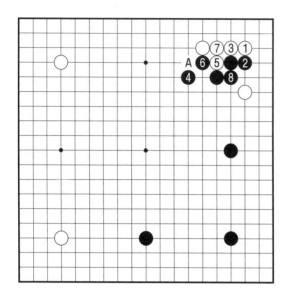

그림13(흑, 느슨)

백①로 3·三에 들어가고 흑❷, 백③까지 진행되었을 때 흑이 앞 그림처럼 A에 씌우지 않고 ❹로 한 칸 뛰는 것은 느슨한 수이다. 계속해서 백⑤로 호구치고 흑❻ 이하 ❽까지의 진행을 예상할 때 흑❹는 A에 있는 것이 훨씬 능률적이다.

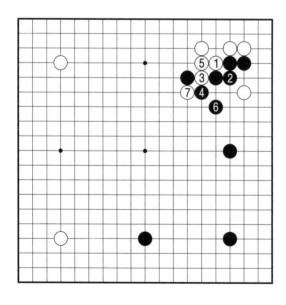

백①로 호구쳤을 때 흑이 앞 그림처럼 단수를 보류한 채 곧장 흑❷로 잇는다면 이번엔 백③, ⑤로 끼워 잇는 것이 좋은 수가 된다. 계속해서 흑은 ❻으로 호구치는 정도인데, 백⑦로 끊어서 흑이 불리한 모습이다.

석 제2장 유행 화점포석
석 제2장 유행 화점포석
석 제2장 유행 화점포석
석 제2장 유행 화점포석
석 제2장 유행 화점포석

제2장 유행 화점포석 유행 화점
제2장 유행 화점포석 유행 화점
제2장 유행 화점포석 유행 화점
제2장 유행 화점포석 유행 화점
제2장 유행 화점포석 유행 화점

장면도 5

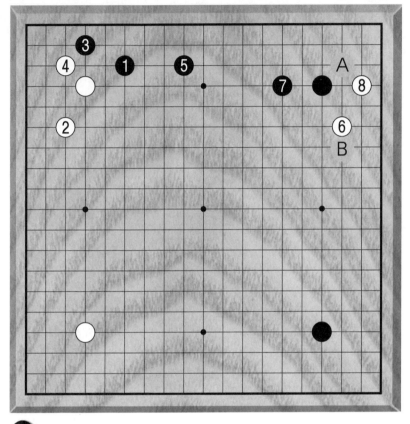

● 둘 차례

흑은 우변에 3연성을 펼치지 않고 ❶로 걸치는 수도 가능하다. 이
하 흑❺까지는 평범한 정석 진행. 계속해서 백⑥으로 걸치고 흑❼,
백⑧까지 진행되었을 때 흑의 다음 착점이 선택의 기로이다. 흑은
화점의 특성을 최대한 능률적으로 활용하고 싶은데, 이 경우 어떻게
두는 것이 좋을까?

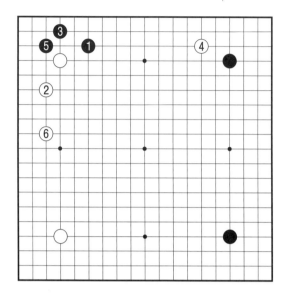

그림1(경과도)

먼저 장면도의 경과도
를 분석해 본다. 흑❸
으로 날일자했을 때 백
은 장면도처럼 3·三에
받지 않고 백④로 걸치
는 수가 최근에 유행하
는 수법이다. 계속해서
흑❺에는 백⑥으로 충
분히 둘 수 있는 형태
이다.

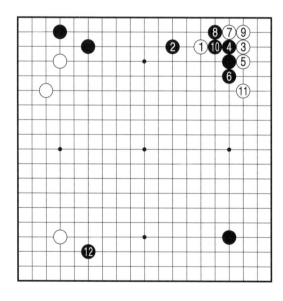

그림2(흑, 발빠름)

백①로 걸쳤을 때 흑은
앞 그림처럼 처리하지
않고 흑❷로 협공하는
것이 보다 능률적인 수
단이다. 계속해서 백③
으로 3·三에 들어간다
면 흑❹ 이하 ❿까지
선수를 취한 후 흑⓬로
걸쳐 흑이 발빠른 포석
이다.

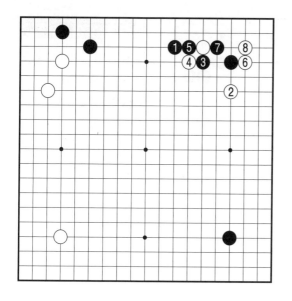

그림3(백의 변화)

흑❶로 협공했을 때 백
은 ②로 양걸침하는 수
가 보편적인 정석 선택
이다. 계속해서 흑❸으
로 막으면 백④, 흑❺
를 교환하고 백⑥으로
붙인 다음 흑❼, 백⑧
까지가 기본형이다.

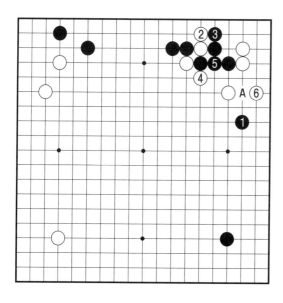

그림4(이후 수단)

앞 그림 이후 흑은 ❶
로 다가서는 것이 백의
약점을 노리는 좋은 수
이다. 계속해서 백은
②로 내려서 두 점으로
키워 버리는 것이 적절
한 선수 활용으로 흑❸
으로 막고 이하 흑❼까
지가 기본형이다. 수순
중 백⑥은 A도 가능하
다. 이 형태는 피차 둘
만하다.

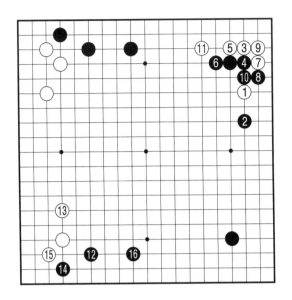

그림5(적극적인 협공)

백①로 걸쳤을 때 흑은 장면도처럼 두지 않고 흑❷로 협공하는 적극 전법도 가능하다. 계속해서 백은 ③으로 3·三에 들어가는 정도인데, 이 역시 한 판의 바둑이다.

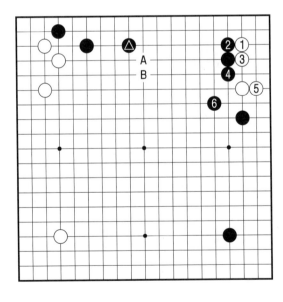

그림6(방향 착오)

그러나 백① 때 흑이 앞 그림처럼 처리하지 않고 ❷로 막는 것은 방향 착오이다. 백③ 이하 흑❻까지가 기본 정석인데, 흑은 ▲가 저위에 치우쳐 있다는 것이 불만이다. 이후 백이 기회를 봐서 A 또는 B에 두면 흑 세력이 대폭 삭감된다.

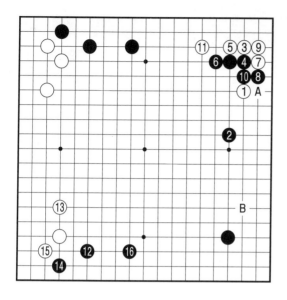

그림7(또 다른 협공)

백① 때 한 칸으로 협공하지 않고 흑❷로 두는 수도 가능하다. 계속해서 백③으로 3·三 침입하고 흑❹ 이하 ⓰ 까지는 [그림5]와 동일한 수순이다. 이 형태는 [그림5]와 비교할 때 백이 A로 움직였을 때 공격력이 약한 반면에 백B로 걸쳐 왔을 때 좀더 강력하게 공격할 수 있다.

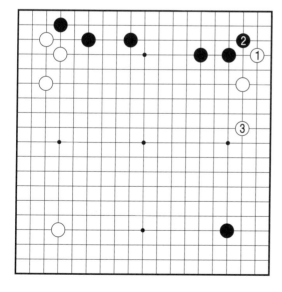

그림8(흑, 느슨)

장면도로 돌아가서 백①로 날일자했을 때 흑❷로 받는 것은 화점의 특성을 효율적으로 활용하지 못한 수이다. 백③으로 두 칸 벌리면 흑 세력이 상하로 나뉘는 만큼 백의 의도대로이다.

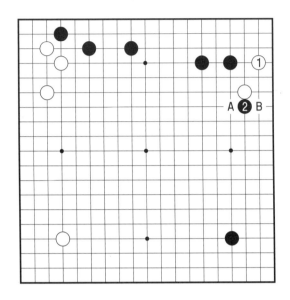

그림9(적절한 붙임)

백①에는 흑❷로 붙이는 수가 이 경우 적절한 정석 선택이다. 이후 예상할 수 있는 백의 응수로는 A 또는 B 이다.

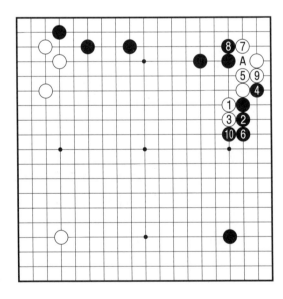

그림10(흑, 활발)

먼저 백①로 젖히는 변화이다. 이때는 흑❷로 뻗는 것이 좋은 수로 백③에는 흑❹가 기분 좋은 선수 활용이다. 계속해서 백⑤에는 흑❻으로 뻗은 후 이하 ❿까지 처리해서 흑이 활발하다. 수순 중 백⑨는 A의 약점 때문에 불가피한 보강이다.

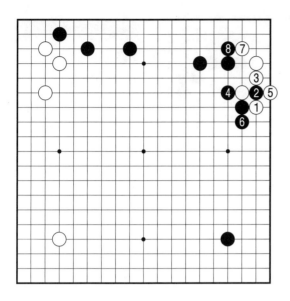

그림11(흑, 만족)

이번엔 백①로 젖히는 변화이다. 이때는 흑❷로 끊는 것이 상용의 맥점. 계속해서 백③으로 단수쳐서 흑❷ 한 점을 잡는다면 흑❹ 이하 ❽까지 처리해서 흑이 두텁다.

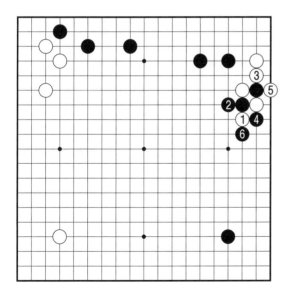

그림12(축, 불리)

백①로 단수친 후 ③, ⑤로 흑 한 점을 잡는 것은 이 경우 축이 불리하므로 성립하지 않는다. 흑❹, ❻이면 백① 한 점이 축으로 잡히는 만큼 백이 불리하다.

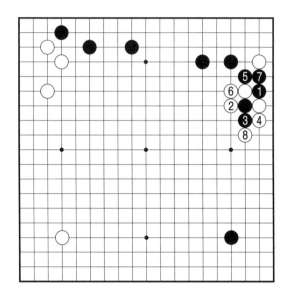

그림13(절대의 수순)

흑❶에는 백②로 단수
친 후 백④로 미는 것
이 절대의 수순이다.
계속해서 흑❺, ❼에는
백⑧로 단수쳐서 흑 두
점을 축으로 잡는 것이
요령이다. 계속해서…

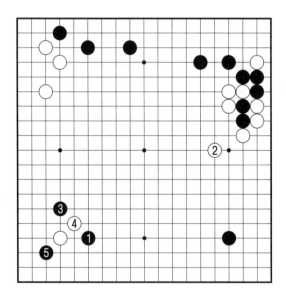

그림14(흑, 발빠름)

앞 그림에 계속해서 흑
❶로 한 칸 높게 걸치
는 것이 적절한 축머리
활용이다. 백②는 불가
피한 보강인데, 흑❸이
통렬한 양걸침. 계속해
서 백④에는 흑❺로
3·三에 침입해서 흑이
발빠른 포석이다.

포석 제2장 유행 화점포석
포석 제2장 유행 화점포석
포석 제2장 유행 화점포석
포석 제2장 유행 화점포석
포석 제2장 유행 화점포석

제2장 유행 화점포석 유행 화
제2장 유행 화점포석 유행 화
제2장 유행 화점포석 유행 화
제2장 유행 화점포석 유행 화
제2장 유행 화점포석 유행 화

장면도 6

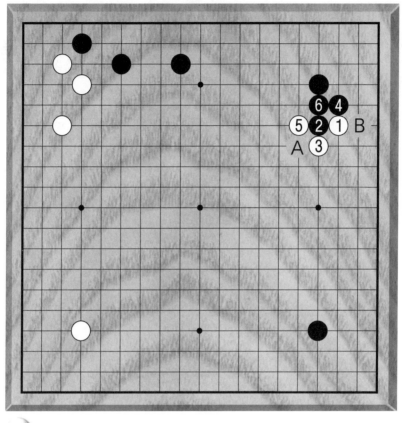

● 둘 차례

백①로 걸쳤을 때 흑❷, ❹로 붙여 막은 것은 형태에 얽매이지 않
고 귀의 실리를 차지하겠다는 실전적인 수법이다. 이후 백은 A에
이을 것인지 B로 내려설 것인지 선택의 기로이다. 현대 포석의 흐
름에 부응하는 백의 다음 착점은?

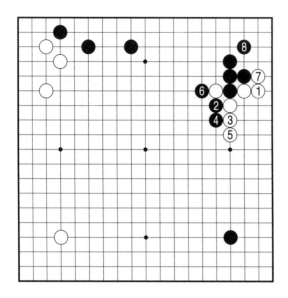

그림1(백, 느슨)

백①로 내려서는 수는 한때 꽤나 유행했던 수단이다. 그러나 흑❷ 이하 ❽까지 진행에서 보듯 백은 두터운 반면에 발이 느려 최근 실전에선 거의 등장하지 않는다.

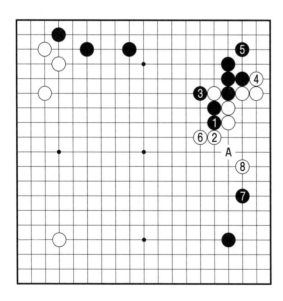

그림2(대동소이)

앞 그림의 수순 중 흑❶로 밀었을 때 백②로 젖히는 변화이다. 그러나 흑❸으로 단수 친 후 이하 백⑧까지 진행되면 이 역시 앞 그림과 대동소이한 결말이다. 수순 중 백⑥으로는 A의 호구 이음도 가능하다.

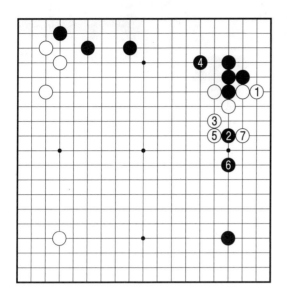

그림3(적극전법)

백①로 내려섰을 때 흑은 ❷로 협공하는 적극전법도 가능하다. 계속해서 백③은 간명을 기한 것인데, 이하 백⑦까지의 진행에서 보듯 발이 느린 것은 어쩔 수 없다. 수순 중 흑❹는 적절한 전환이다.

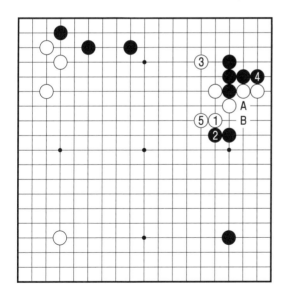

그림4(흑, 불만)

백①로 호구쳤을 때 흑이 앞 그림처럼 처리하지 않고 ❷로 응수하는 것은 좋지 않다. 백③으로 봉쇄하면 흑❹로 안정을 도모할 수밖에 없는데, 백⑤까지 불리한 결말이다. 이후 흑이 A에 끊으면 백은 아낌없이 B로 단수쳐서 충분하다.

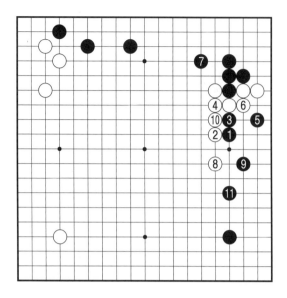

그림5(흑, 활발)

흑❶로 협공했을 때 백은 ②로 붙여 형태를 정비하는 수도 가능하다. 그러나 흑❸, ❺가 기분 좋은 선수 활용으로 이하 흑⑪까지 처리하면 흑이 활발한 결말이다. 결국 장면도에서 백이 B에 내려서는 것은 좋은 결과를 기대할 수 없다는 결론이다.

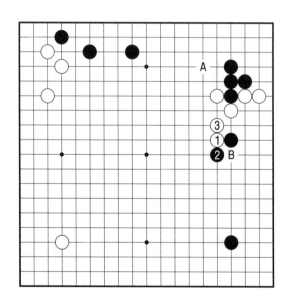

그림6(백, 만족)

그러나 앞 그림의 수순 중 백①로 붙였을 때 흑❷로 젖히는 것은 형태에 얽매인 완착이다. 계속해서 백이 ③으로 뻗어 A와 B를 맞보기로 노리면 도리어 흑이 불리한 형태가 된다.

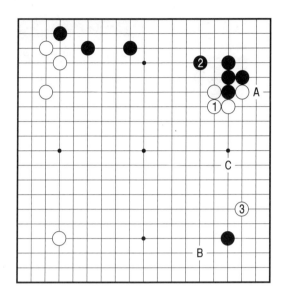

그림7(현대적인 수법)

백A에 내려선 수로는
백①로 잇는 것이 현대
적인 수법이다. 계속해
서 흑❷로 받고 백③으
로 걸치는 것까지는 필
연적인 수순인데, 이후
의 진행이 흑으로선 선
택의 기로이다. 가장
쉽게 생각할 수 있는
방법으로는 B에 받는
것과 C에 협공하는 것
이다.

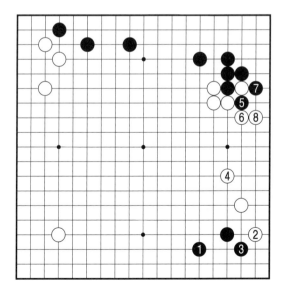

그림8(백, 이상적)

단순하게 흑❶로 받는
것은 무미건조한 수단
이다. 백②, ④로 형태
를 정비하면 흑은 ❺,
❼을 선수하는 정도인
데, 이하 백⑧까지 우
변 백의 형태가 이상적
이라 흑으로선 피하고
싶은 진행이다.

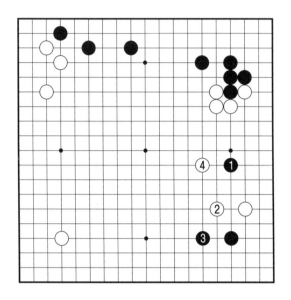

그림9(당연한 협공)

흑은 기세상 당연히 ❶로 협공할 자리이다. 계속해서 백②로 한 칸 뛰고 ④로 씌운 것은 공격을 통해 국면의 주도권을 잡겠다는 뜻. 그러나 흑의 반격도 만만치 않아 다음이 쉽지 않다.

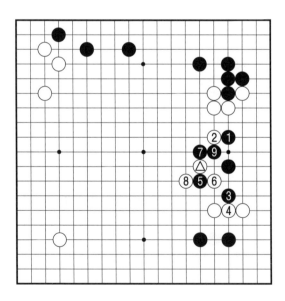

그림10(중앙 돌파)

백△의 씌움에는 흑❶로 한 칸 뛴 후 백②를 기다려 흑❸, ❺로 탈출을 모색하는 것이 상용의 수순이다. 계속해서 백⑥에는 흑❼로 건너붙이는 것이 맥점으로 이하 흑❾까지 중앙 돌파가 가능하다.

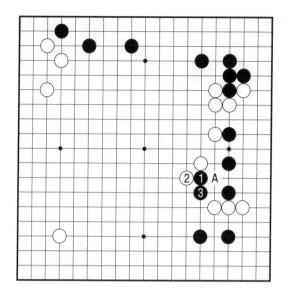

그림11(백, 불만)

앞 그림의 수순 중
흑❶로 붙였을 때 백이
A로 젖히지 않고 ②로
젖히는 것은 방향 착오
이다. 흑❸으로 뻗으면
백돌은 분단된 형태이
므로 이후 싸움에서 상
당한 고전이 예상된다.

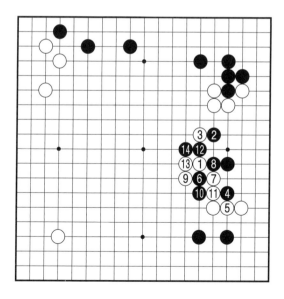

그림12(강력한 돌파)

백①로 씌웠을 때 흑은
❷로 날일자한 후 백③
때 흑❹, ❻으로 두는
수도 가능하다. 계속해
서 백⑦에는 흑❽로
끊고 이하 흑⓮까지 처
리해서 [그림10]보다도
더 강력한 형태로 중앙
을 돌파한 모습이다.

69

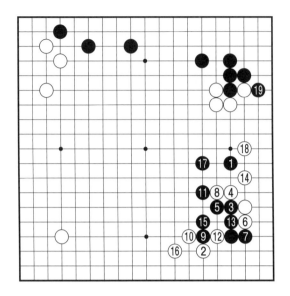

그림 13 (난전)

흑❶로 협공했을 때 중
앙으로 한 칸 뛴 수로
는 백②로 양걸침하는
것이 요근래 유행하는
수단이다. 계속해서 흑
❸으로 붙이면 백④로
젖히고 이하 흑⓱까지
가 예상되는 진행인데,
피차 어려운 모습이다.

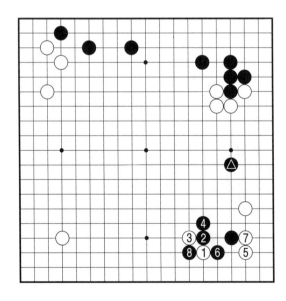

그림 14 (흑의 간명책)

백① 때 흑은 앞 그림
과 같은 진행을 피해
흑❷로 붙이는 수도 가
능하다. 계속해서 백③
으로 젖히고 이하 흑❽
까지가 기본형이다. 이
형태는 흑△가 다소 이
상한 위치에 놓여 있지
만 위쪽 백 넉 점을 공
격하고 있는 모습이라
서로가 불만 없는 결말
이다.

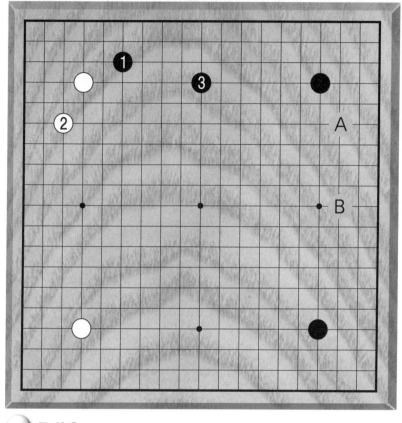

○ 둘 차례

흑❶로 걸치고 백②로 받았을 때 흑은 ❸으로 전개해서 상변의 세
력을 확장하는 작전도 실전에서 곧잘 시도된다. 이후 백은 흑의 세
력 작전을 견제하는 것이 일감인데, A의 걸침과 B의 갈라침을 놓
고 변화를 검토해 보기로 한다.

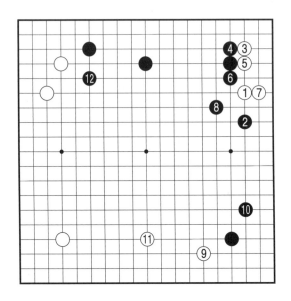

그림1(강력한 협공)

먼저 백①로 걸치는 변화이다. 이 경우에는 흑❷의 한 칸 협공이 강력한 의미가 있다. 백은 ③으로 3·三에 들어가는 정도인데, 흑❹ 이하 ❽까지의 진행에서 보듯 상변의 구도가 이상적인 모습이다. 이 결과는 흑이 화점의 특성을 능률적으로 활용하고 있다고 평가된다.

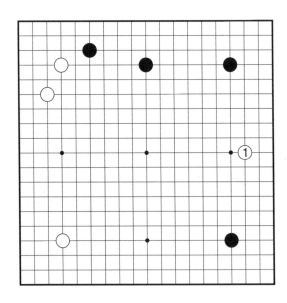

그림2(적절한 갈라침)

백은 우변을 갈라치는 것이 적절한 수이다. 백①은 흑의 세력을 상하로 나누어 큰 모양을 허용하지 않겠다는 의도로 차분히 두어 나가겠다는 계산이 깔려 있다.

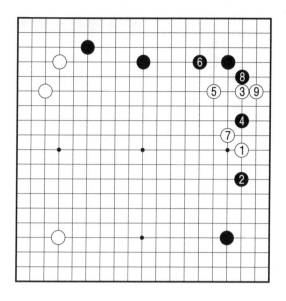

그림3(백, 만족)

백①로 갈라쳤을 때 흑❷로 다가서는 것은 방향 착오이다. 백③으로 걸침 겸 벌림을 하고 이하 백⑨까지는 정석화되어 있는 진행인데, 이 결과는 백이 유리하다. 흑으로선 큰 모양을 기대할 수 없다는 것이 불만이다. 그러므로…

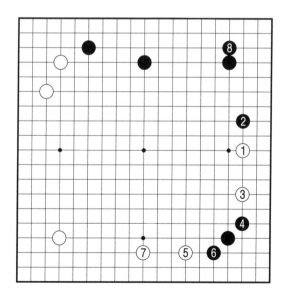

그림4(올바른 방향)

백①에는 흑❷ 쪽이 올바른 방향이다. 흑은 모양을 크게 키우는 것이 화점의 특성을 최대한 활용하는 요령이다. 계속해서 백③으로 두 칸 벌리고 ⑦까지 처리한 것은 속도를 중시한 것인데, 이하 흑❽까지의 진행은 아무래도 흑이 활발한 포석이다.

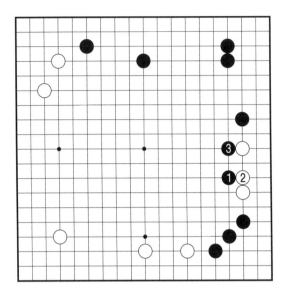

그림5(후속 수단)

앞 그림 다음 우변 백
의 형태에는 **1**, **3**으
로 활용하는 후속 수단
이 준비되어 있다. 그
러면 백은 중앙 진출이
껄끄러울 뿐 아니라 백
석 점도 여전히 공격받
는 의미가 있다.

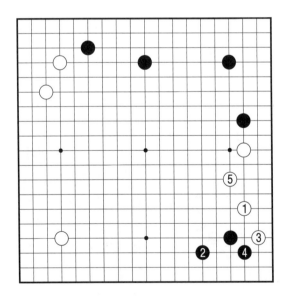

그림6(세 칸 벌림)

백은 기세상 ①로 걸치
는 것이 박력 있는 수.
계속해서 흑이 **2**, **4**
로 순순히 응수해 준다
면 백⑤까지 두터운 형
태를 갖추어 백의 대만
족이다.

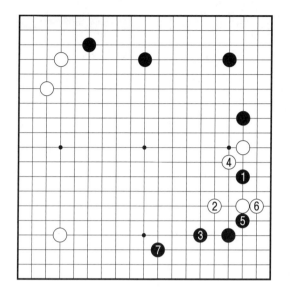

그림7(당연한 침입)

흑은 당연히 ❶로 침입
해서 백의 응수를 엿보
는 것이 좋은 수이다.
계속해서 백②로 한 칸
뛰고 흑❸ 이하 ❼까지
정석적인 수순으로 서
로 불만 없는 결말이다.

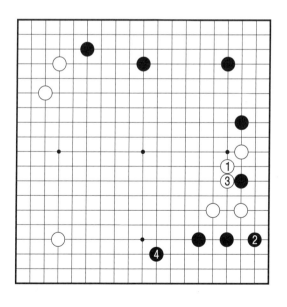

그림8(흑의 책략)

앞 그림의 수순 중 백
①때 흑❷로 한 칸 뛰
어 귀를 지킨 것은 책
략이 깃든 수이다. 백
③은 간명. 흑은 ❹로
전개해 깔끔하다.

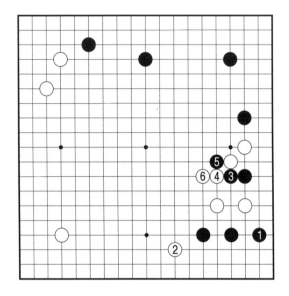

그림9(난전의 연속)

흑❶로 귀를 지켰을 때 백②로 다가서는 수가 앞 그림의 진행을 피해 강력한 수이다. 계속해서 흑은 기세상 ❸, ❺로 절단하게 되는데, 백도 ⑥으로 뻗어 피차 앞을 내다볼 수 없는 복잡한 싸움이 된다.

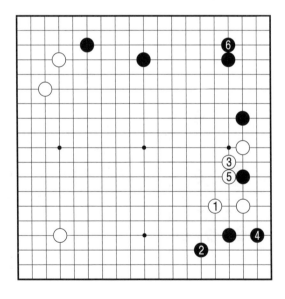

그림10(흑, 만족)

백① 때 흑은 ❷로 날 일자하는 수도 가능하다. 계속해서 백③이라면 흑❹가 기분 좋은 선수 활용. 백⑤가 불가피할 때 흑❻으로 귀를 굳히면 이 진행은 흑의 작전이 성공을 거둔 모습이다.

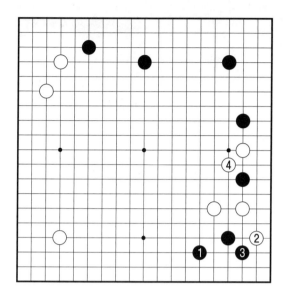

그림11(백의 반발)

흑❶에는 백②로 날일
자해서 반발할 곳이다.
계속해서 흑❸으로
3·三을 지키는 것은
기세에서 뒤지는 수로
백이 ④로 마늘모해서
흑 한 점을 제압하면
결과는 백이 유리하다.

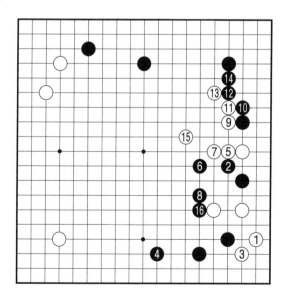

그림12(어려운 난전)

백①에는 흑❷로 마늘
모해서 변화할 곳이다.
계속해서 백③으로 3·
三에 들어가고 흑❹ 이
하 흑⓰까지는 피차 어
려운 난전의 연속인데,
이후 중앙전이 승부의
관건이 된다.

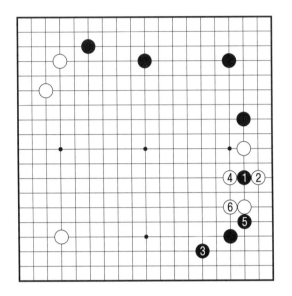

그림13(백, 만족)

흑❶로 침입했을 때 백
②로 붙이는 것은 한때
유행했던 수단이나 요
근래엔 잘 등장하지 않
는다. 백의 의도는 흑
❸으로 받아 달라는 것
이다. 흑❸이면 백④,
⑥으로 형태를 정비해
서 백이 두텁다.

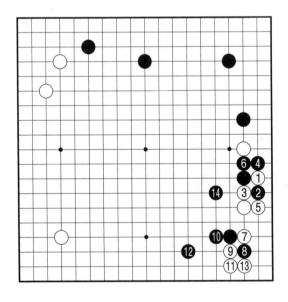

그림14(흑, 충분)

백①에는 흑❷로 젖히
는 것이 당연한 반발이
다. 이후 백은 ⑦로 붙
인 후 흑❽ 때 ⑨로 끊
는 것이 하나의 처리법
인데, 이하 흑⓮까지의
진행에서 보듯 흑이 활
발한 결말이다.

포석 제2장 유행 화점포석
포석 제2장 유행 화점포석
포석 제2장 유행 화점포석
포석 제2장 유행 화점포석
포석 제2장 유행 화점포석
포석 제2장 유행 화점포석

제2장 유행 화점포석 유행 화
제2장 유행 화점포석 유행 화
제2장 유행 화점포석 유행 화
제2장 유행 화점포석 유행 화
제2장 유행 화점포석 유행 화
제2장 유행 화점포석 유행 화

장면도 8

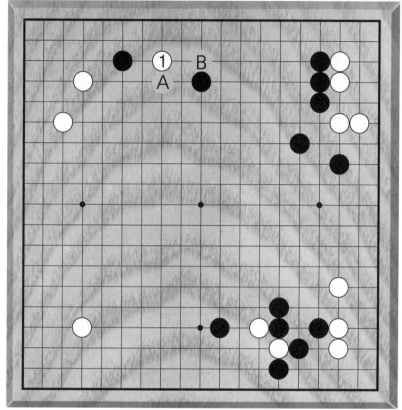

● 둘 차례

백①은 시급히 서둘러야 할 침입의 급소. 이후는 흑이 어떻게 받아
야 할지가 관건인데, A 또는 B가 예상되는 착점이다. 그럼 장면도
가 이루어지기까지의 경과와 장면도 이후의 변화를 검토해 보기로
한다.

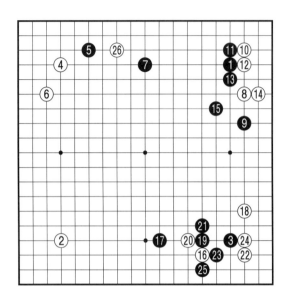

그림1(경과도)

장면도의 경과이다. 흑
과 백, 2연성으로 맞선
포석 형태에서 흑이 **5**
로 걸친 후 **7**로 전개
해서 상변을 중시한 모
습이다. 백⑧로 걸친
수로는 우변 화점 아래
에 갈라치는 것이 보통
이다. 계속해서 흑**9**로
협공하고, 이하 **25**까지
진행되었을 때 백㉖으
로 침입해서 장면도가
이루어졌다.

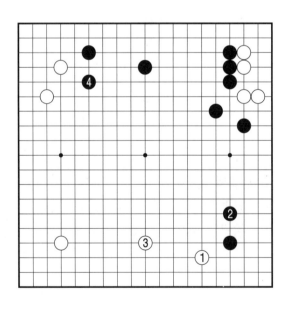

그림2(유력한 작전)

앞 그림의 수순 중 백
① 때 흑이 하변에서
협공한 수로는 흑**2**로
받는 것이 유력하다.
계속해서 백은 ③으로
벌리는 정도인데, 흑**4**
가 포석의 요점이다.
앞 그림은 백도 우하귀
정석 과정에서 흑에게
두터움을 허용했지만
선수를 잡아 충분한 모
습이다.

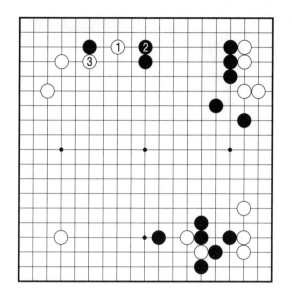

그림3(통렬한 봉쇄)

백①로 침입했을 때 흑 ❷로 철주를 내리는 수법은 상변의 실리를 중시할 때 유력한 수법이다. 그러나 이 경우 백③이 통렬한 봉쇄 수단이 되므로 찬성할 수 없다. 계속해서…

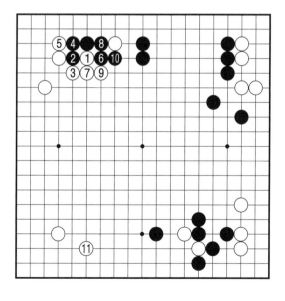

그림4(백, 활발)

앞 그림에 계속해서 흑은 축유리를 전제삼아 ❷로 끼워 수습하는 정도이다. 그러나 백이 ③으로 단수친 후 ⑤에 막으면 흑❻ 이하 ❿까지 상변을 차지하는 정도인데, 백⑪이 요점이 되어 흑이 좋지 않은 포석이다.

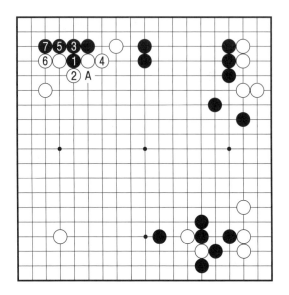

그림5(흑, 만족)

앞 그림의 수순 중 흑❶로 끼웠을 때 백②로 단수친 후 ④로 끄는 것은 형태에 얽매인 속수. 흑❺, ❼까지 실리를 차지하고 나면 백으로선 A의 약점이 부담으로 남는 만큼 흑이 유리한 결말이다.

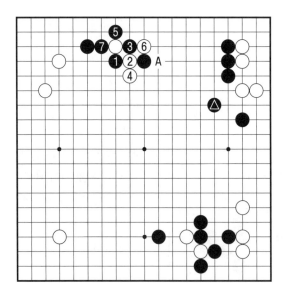

그림6(절대점)

백이 상변에 침입하면 흑은 ❶로 막는 한 수이다. 계속해서 백②는 축이 불리한 지금은 성립하지 않는 수이다. 흑은 ❸으로 단수친 후 이하 ❼까지 백 한 점을 잡는 것이 좋은 수순. 흑△에 의해 백A의 축이 성립하지 않는 만큼 백이 망한 결과이다.

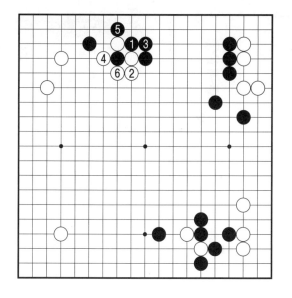

그림7(속수)

흑❶로 단수치고 백②로 나갔을 때 흑으로 잇는 것은 대악수이다. 백④로 단수치면 흑 한점이 축으로 잡히는 만큼 이 결과는 반대로 흑이 망한 모습이다.

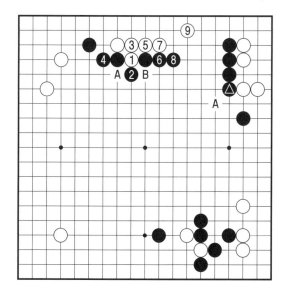

그림8(차이점)

A에 흑돌이 위치하지 않고 흑△에 돌이 놓여 있다면 백①로 끼우는 수는 이 경우 유력한 수가 된다. 축이 불리한 흑은 ❷로 단수친 후 ❹로 끌 수밖에 없으니 백③ 이하 ⑨까지 깔끔하게 수습된 모습이다. 흑은 B와 C의 약점도 부담으로 남는다.

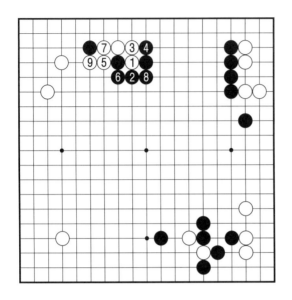

그림9(백, 만족)

백①로 끼웠을 때 흑❷로 단수친 후 ❹로 막는 변화도 검토할 수 있다. 그러나 백⑤로 단수친 후 이하 ⑨까지 처리하면 백이 차지한 귀의 실리가 튼실한 반면에 흑의 세력은 중복의 느낌이 강하므로 백은 만족할 수 있다.

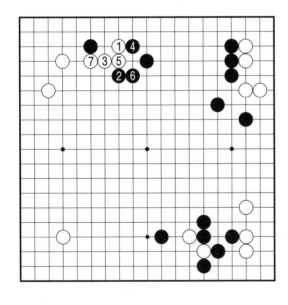

그림10(차선책)

흑으로선 앞 그림과 같은 진행을 선택하기보다는 흑❷로 씌우는 것이 보다 유력하다. 계속해서 백은 ③으로 진출한 후 이하 ⑦까지 처리하는 정도인데, 흑❽로 전개해서 흑도 둘 수 있는 포석 형태이다.

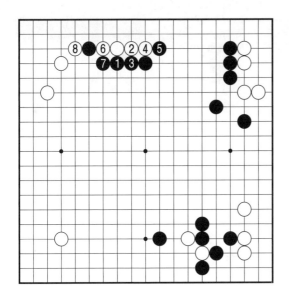

그림11(백의 절대수)

흑❶로 막았을 때 축이 불리한 백은 ②로 뻗어 수습할 수밖에 없다. 이 다음 흑❸으로 잇고 백④ 이하 ⑧까지는 하나의 기본형으로 정석적인 수순이다. 계속해서…

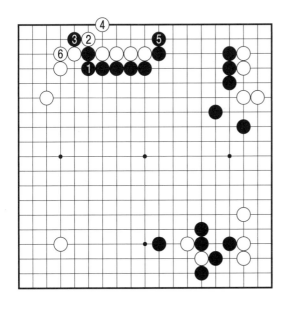

그림12(쌍방 충분)

흑은 ❶로 잇고 백② 때 흑❸으로 끊는 것이 좋은 활용 수단이다. 계속해서 백④로 호구치고 흑❺, 백⑥까지가 기본형. 선수를 취한 흑은 좌하귀에 걸치게 되는데, 쌍방 불만 없는 포석 형태이다.

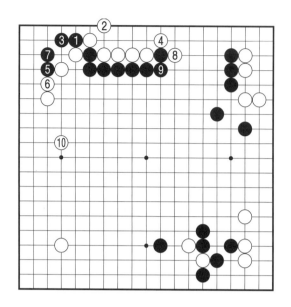

그림13(변화)

흑❶로 끊고 백②로 호
구쳤을 때 흑은 앞 그
림의 진행을 피해 ❸으
로 뻗는 변화도 고려할
수 있다. 흑❸이면 백
④의 젖힘은 당연한 기
세인데, 흑❺ 이하 백
⑩까지가 기본형이다.
이 역시 쌍방 불만 없
는 모습이다.

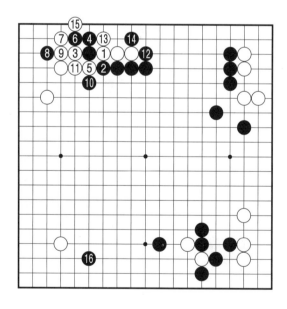

그림14(백, 불만)

백이 [그림11]과 같은
수순을 따르지 않고 곧
장 백①로 치받아 연결
을 모색하는 것은 수순
착오이다. 백③에는 흑
❹로 내려서는 것이 강
수로 백⑤를 기다려 흑
❻ 이하 백⑮까지 철저
히 선수 활용하면 백이
불리한 결말이다.

포석 제2장 유행 화점포석
포석 제2장 유행 화점포석
포석 제2장 유행 화점포석
포석 제2장 유행 화점포석
포석 제2장 유행 화점포석

제2장 유행 화점포석 유행 화
제2장 유행 화점포석 유행 화
제2장 유행 화점포석 유행 화
제2장 유행 화점포석 유행 화
제2장 유행 화점포석 유행 화

장면도 9

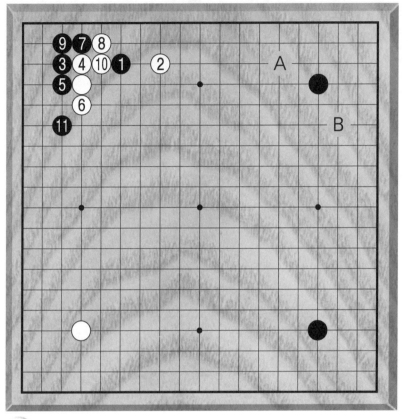

🔵 둘 차례

흑❶로 걸쳤을 때 백②로 협공한 것은 화점의 특성을 살려 속도감 있게 처리해 나가겠다는 뜻이다. 흑❸으로 3·三에 침입하고 백④ 이하 흑⓫까지 간명한 정석이 이루어졌는데, 백의 다음 착점이 관건이다. A와 B 중 올바른 돌의 방향과 이후의 작전을 살펴본다.

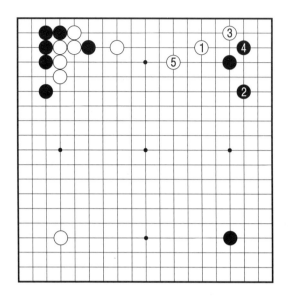

그림1(구정석)

백①로 걸친 것은 좌상 귀에 형성해 놓은 백 세력을 최대한으로 활용하겠다는 뜻이다. 계속해서 흑❷로 받고 백 ③, ⑤까지는 한때 꽤나 많이 두었던 기본 정석. 그러나 이 형태는 백 모양에 결정적인 약점이 남아 최근엔 거의 등장하지 않는다.

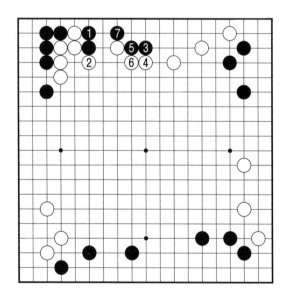

그림2(백의 약점)

백의 약점이란 흑❶로 움직이는 수를 말한다. 물론 흑이 당장 결행하진 않겠지만 이처럼 흑❶로 움직였을 때 백으로선 뾰족한 대응 수단이 없다. 흑❶ 때 백 ②라면 흑❸이 예정된 침입. 계속해서 백④에는 흑❺, ❼로 연결해서 수습에 지장 없는 모습이다.

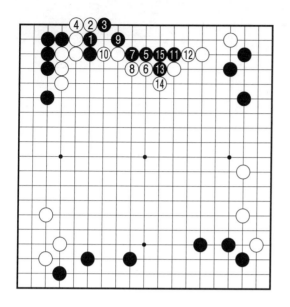

그림3(흑, 충분)

흑❶ 때 백②로 젖혀 연결을 방해하는 수도 검토할 수 있다. 그러나 흑이 ❸으로 단수친 후 이하 ❸까지 백의 약점을 찔러가면 이 역시 백으로선 탐탁치 못한 결과이다.

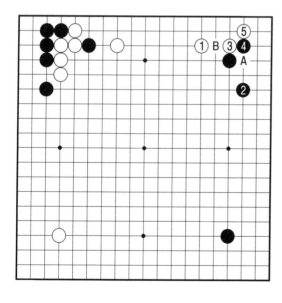

그림4(백의 연구)

백①로 걸친 이상 흑❷로 받았을 때 백은 ③으로 붙인 후 ⑤로 이단 젖히는 것이 이 경우 올바른 처리법이다. 계속해서 흑은 평범하게 A에 잇는 수와 강력하게 B로 단수치는 수를 생각할 수 있다.

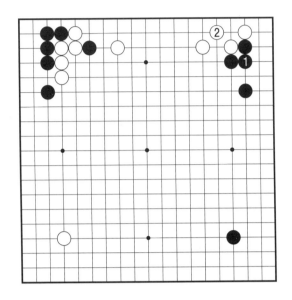

그림5(온건책)

평범하게 흑❶로 잇는
것은 온건책이다. 백은
②로 호구쳐 형태를 정
비하게 되는데, 흑은
선수를 잡을 수 있다는
것이 장점이다. 그러나
우상귀 백 모양이 안정
된 모습이라 상변 침입
이 거북한 만큼 일장일
단이 있다.

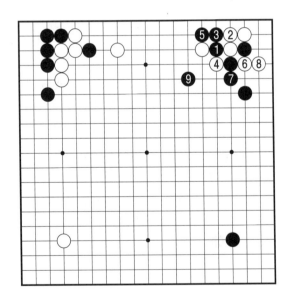

그림6(강경책)

흑❶로 단수치고 ❸으
로 뚫은 것은 강경책이
다. 계속해서 백④로
끊고 흑❺ 이하 ❾까지
가 기본형이다. 이 형
태는 흑 모양이 두터운
반면에 백은 선수를 취
해 큰 곳에 선행할 수
있는 만큼 피차 둘 만
한 결과이다.

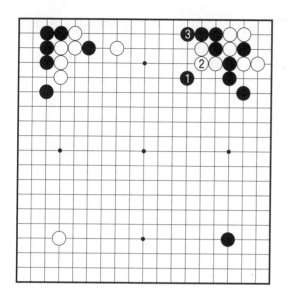

그림7(백, 무리)

흑❶로 씌웠을 때 백②
로 잇고 버티는 수는
무리이다. 흑❸으로 뻗
어 장문의 형태를 유도
하는 것이 호착으로 이
후 백은 석 점을 움직
이기가 거북하다.

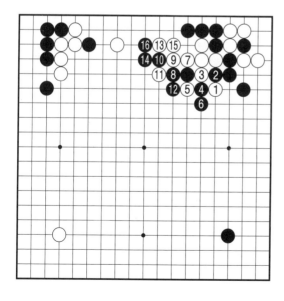

그림8(백, 곤란)

앞 그림 이후 백①로
한 칸 뛰어 탈출을 시
도한다면 흑은 강력하
게 ❷, ❹로 절단하
는 것이 좋은 수이다.
이후 백⑤로 단수친 후
이하 백⑮까지 몸부림
을 쳐도 흑⑯에 이르면
백이 곤란한 모습이다.

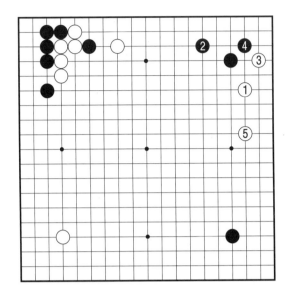

그림9(보편적)

요근래엔 백①로 걸치
는 것이 보편적인 돌의
방향이다. 계속해서
흑은 ❷로 날일자해서
받게 되는데, 백③, ⑤
까지가 기본형이다.

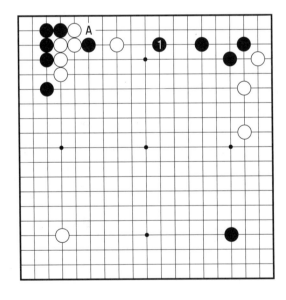

그림10(요점)

앞 그림 이후 흑❶이
쌍방간의 요처로 작용
한다. 흑이 ❶의 곳을
선점하면 A로 움직이는
뒷맛을 노릴 수 있는 반
면에 백이 이 곳을 차지
하면 우상귀 흑이 엷어
지는 만큼 포석 단계에
서 시급히 두어야 할 곳
임을 알 수 있다.

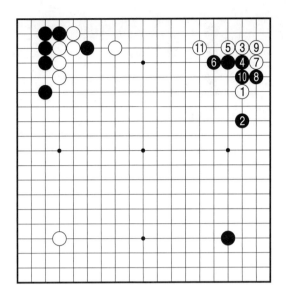

그림11(흑의 변화)

백①로 걸쳤을 때 흑❷로 협공하는 것은 의문의 정석 선택이다. 그러나 백이 ③으로 3·三에 들어가면 이하 백⑪까지 선수를 취할 수 있는 만큼 흑도 충분히 둘 수 있다. 하지만 백으로선 달리 두는 수를 연구할 것이다.

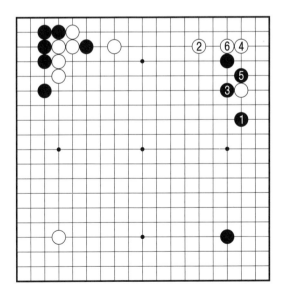

그림12(백의 반발)

흑❶에는 백②로 양걸침하는 것이 적절한 반발 수단이다. 계속해서 흑❸에는 백④로 3·三에 들어가는 것이 좋은 수순으로 흑❺, 백⑥까지 백이 유리한 결말이다. 장차 백은 A로 움직이는 뒷맛을 노린다.

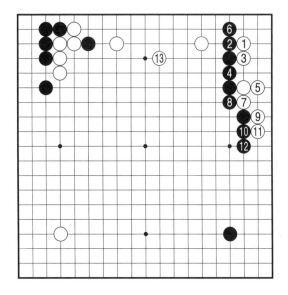

그림13(백, 활발)

백①로 3·三에 들어가면 흑은 ❷로 막는 정도이다. 백③, ⑤에는 흑❹, ❻으로 형태를 정비하는 것이 요령. 이 결과는 백이 활발한 결과이다.

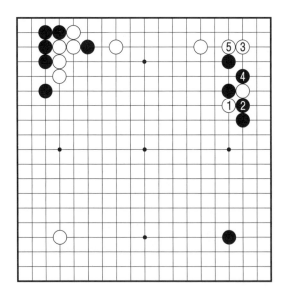

그림14(수순 착오)

백이 앞 그림처럼 곧장 3·三에 들어가지 않고 백①, 흑❷를 교환한 후 ③으로 두는 것은 수순 착오이다. 흑은 알기 쉽게 ④로 단수쳐도 앞 그림에 비해 유리한 결과를 이끌어낼 수 있다.

포석 제2장 유행 화점포석
제2장 유행 화점포석 유행 화
포석 제2장 유행 화점포석
제2장 유행 화점포석 유행 화
포석 제2장 유행 화점포석
제2장 유행 화점포석 유행 화
포석 제2장 유행 화점포석
제2장 유행 화점포석 유행 화
포석 제2장 유행 화점포석
제2장 유행 화점포석 유행 화

장면도 10

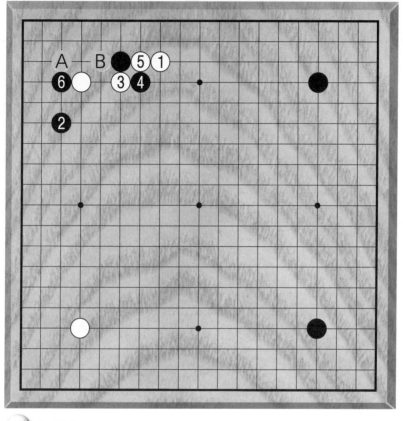

 둘 차례

백①로 협공했을 때 흑이 A로 3·三에 침입하면 가장 알기 쉽다.
그런데 흑이 3·三에 들어가지 않고 흑❷로 양걸침하면 변화가 복
잡해진다. 계속해서 백③으로 붙이고 흑❹, ❻까지 진행은 정석적
인 수순인데, 이후 백의 응수가 관건이다. A와 B의 응수를 놓고
변화를 검토해 본다.

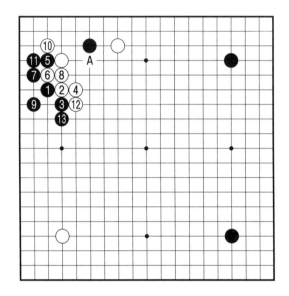

그림1(흑, 만족)

흑❶ 때 백이 장면도처럼 A에 붙이지 않고 ②로 붙이는 것은 방향착오이다. 백②에는 흑❸으로 젖힌 후 ❺에 붙이는 것이 적절한 정석 선택. 백⑥ 이하 흑⓭까지 기본 정석인데, 흑의 실리가 알뜰하다.

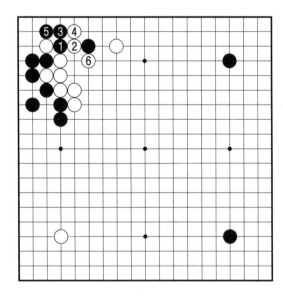

그림2(흑의 약점)

앞 그림 이후 기회를 봐서 ❶로 끊는 것이 노림이다. 이하 백⑥까지가 예상되는 진행인데, 흑으로선 선수로 이득을 취한 결과이다. 그러나 이 형태는 백을 강하게 만들어 준 의미가 있으므로 끊는 시기를 잘 선택해야 한다.

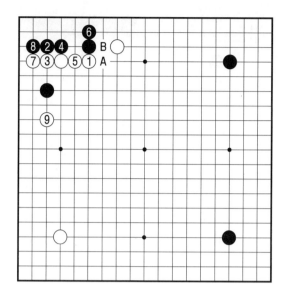

그림3 (흑의 변화)

백①로 붙였을 때 흑이 장면도처럼 흑A, 백B를 교환하지 않고 곧장 흑❷로 3·三에 들어가는 수는 한때 유행했던 수단. 계속해서 백③으로 막고 이하 ⑨까지가 기본형인데, 피차 둘 수 있는 갈림이다.

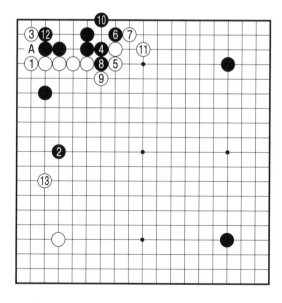

그림4 (흑, 불만)

백①로 내려섰을 때 흑이 앞 그림처럼 A에 막지 않고 흑❷로 전개하는 것은 무리이다. 백③이면 흑은 ❹, ❻으로 호구쳐서 안정할 수밖에 없는데, 이하 흑⓬까지 흑으로선 생사 여부의 결과이다. 백⑬으로 다가서서 백 호조의 국면.

97

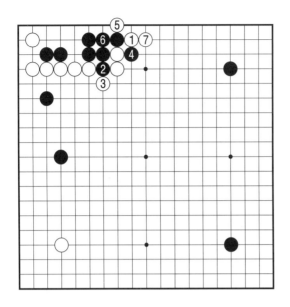

그림5 (흑, 곤란)

백①로 젖혔을 때 흑❷
와 ❹로 절단하는 변화
도 검토할 수 있지만
백⑤, ⑦로 응수해서
흑이 곤란한 형태이다.
흑❻으로 패를 하는
수 역시 좋은 결과를
기대하기 힘들다.

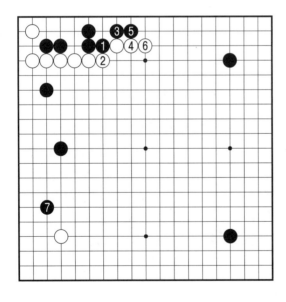

그림6 (흑의 의도)

흑❶로 치받았을 때
평범하게 백②로 막는
것은 대완착. 흑은 ❸,
❺를 선수한 후 ❼로
걸쳐서 대만족이다.

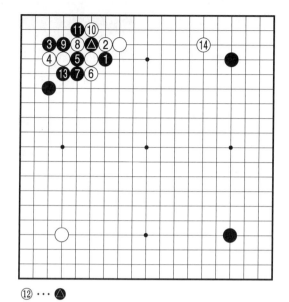

⑫ … ▲

그림7(백, 두터움)

흑❶, 백②를 교환한 후 흑이 장면도처럼 두지 곧장 흑으로 3·三에 들어가는 것은 의문의 정석 선택이다. 백④ 이하 흑⓭까지가 기본형인데, 이 결과는 백이 두텁다는 것이 중론이다.

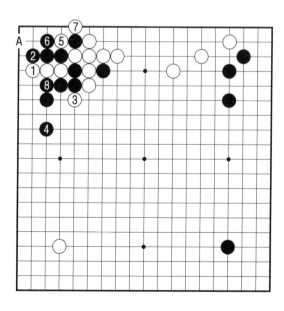

그림8(후속 수단)

좌상귀의 형태는 백이 기회를 봐서 ①로 뻗는 활용 수단이 남아 있다. 흑은 ❷로 막을 수밖에 없는데, 백③ 이하 흑❽까지 백이 선수로 이득을 취한 모습이다. 수순 중 흑❽을 생략하면 백A로 치중해서 귀의 흑이 잡힌다.

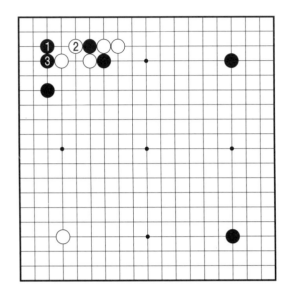

그림9(흑, 만족)

흑❶로 3·三에 들어
갔을 때 백이 [그림7]
처럼 처리하지 않고 평
범하게 백②로 단수치
는 것은 싱겁다. 흑❸
으로 연결해서 흑으로
선 충분한 결말이다.

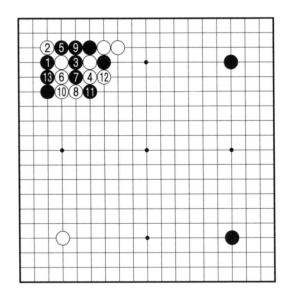

그림10(기세의 진행)

장면도로 돌아가서
흑❶로 붙였을 때 백②
로 젖히면 이후는 난해
한 진행이 기다리고 있
다. 계속해서 흑❸으
로 단수치고 이하 흑⓭
까지는 피차 외길 수순
인데…

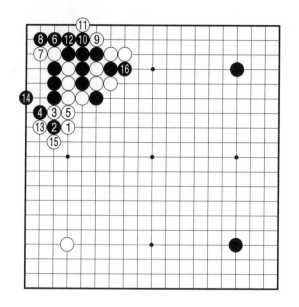

그림11(흑, 충분)

앞 그림에 계속해서 백이 ①로 한 칸 뛰어 형태를 정비하는 정도일 때 흑은 ❷로 붙인 후 ❻, ❽로 귀를 제압하는 것이 수순이다. 백이 ⑨, ⑪을 선수한 후 이하 ⑮까지 흑 한 점을 빵따낸다면 흑⓰으로 움직여서 흑으로선 충분한 싸움이다.

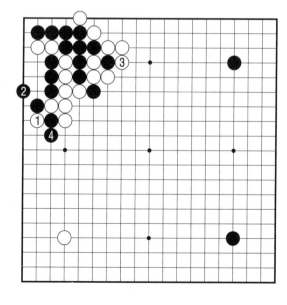

그림12(흑, 만족)

백①, 흑❷ 때 백③으로 이쪽을 따낸다면 이번엔 흑❹로 움직이는 수가 성립한다. 백① 한 점을 쉽게 취할 수 있게 되어서는 흑이 유리한 결말이다.

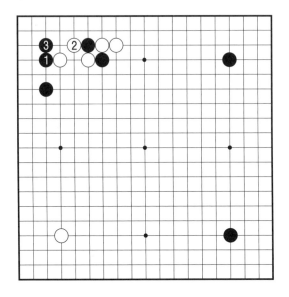

그림13(백의 간명책)

흑❶의 붙임에는 백②
로 물러서서 받는 것이
간명한 정석 선택이다.
흑은 ❸으로 뻗어서 실
리를 취하게 되는데,
이 결과는 피차 둘 만
하다.

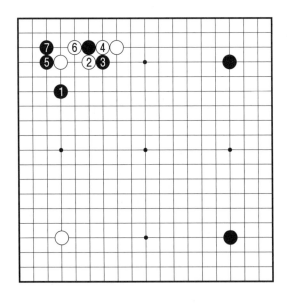

그림14(흑의 간명책)

흑도 간명하게 처리하
고 싶다면 ❶로 한 칸
높게 협공하는 것이 알
기 쉽다. 계속해서 백
②로 붙이고 이하 흑❼
까지는 정석적인 진행
이다.

장면도 11

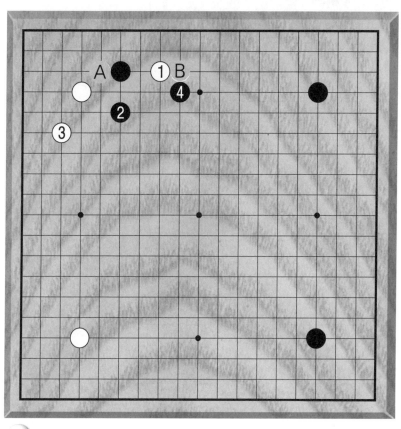

 둘 차례

백①로 협공했을 때 흑❷로 한 칸 뛴 것은 중앙 방면을 중시하겠다
는 세력 위주의 수법이다. 계속해서 백③으로 받았을 때 흑❹로 씌
운 것은 예정된 작전인데, 백의 다음 응수가 관건이다. A와 B에
받는 변화를 검토해 보기로 한다.

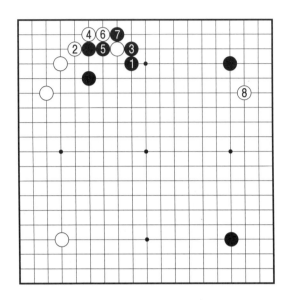

그림1(올바른 작전)

백은 날일자로 받은 이
상 백②로 마늘모 붙이
는 한 수이다. 계속해
서 흑❸으로 막고 이하
❼까지 세력과 실리의
갈림이 되는데, 백⑧로
걸치기까지 피차 불만
없는 모습이다.

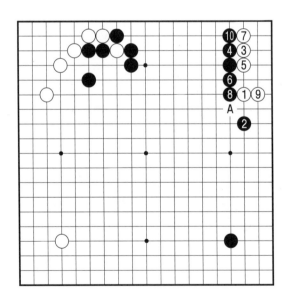

그림2(세력과 실리)

백①로 걸치면 흑은 당
연히 ❷로 한 칸 협공
할 것이다. 계속해서
백도 ③으로 3·三 침
입해서 재빨리 안정하
게 되는데, 이하 흑❿
까지가 기본형이다. 이
후 백은 A의 젖힘을
노리게 된다.

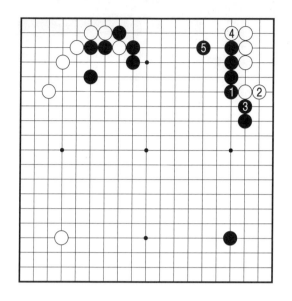

그림3(실속 없다)

흑❶, 백② 때 흑은 [그림2]의 흑❿처럼 상변을 막는 것은 정수. 얼핏 흑❸으로 막는 것은 두터운 수처럼 보이지만 백④로 꼬부리면 흑으로선 실속 없는 결말이다.

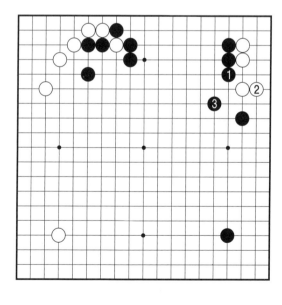

그림4(흑, 만족)

흑❶로 호구쳤을 때 백이 [그림2]처럼 처리하지 않고 평범하게 ②로 늘어서는 것은 이 경우 좋지 않다. 흑❸으로 날일자하면 [그림2]에 비해 흑의 세력이 더욱 빛을 발한다.

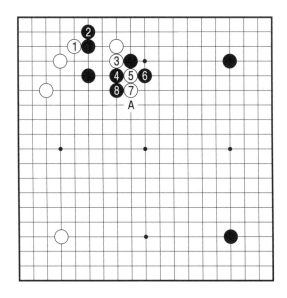

그림5(축과 연관)

백① 때 흑은 강력하게 ❷로 내려서는 강수도 성립한다. 흑❷는 축유리를 전제로 한 수임을 잊지 말기 바란다. 즉, 그것은 백③, ⑤로 절단했을 때 흑❻, ❽이 후 A의 축을 말한다.

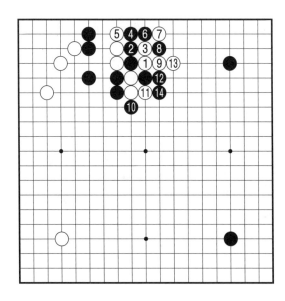

그림6(필연적인 수순)

앞 그림 이후 백이 ①로 단수친 후 이하 ⑦까지 저항한다면 흑❽의 단수가 긴요한 선수 활용으로 이하 흑❷까지 백 석 점이 축으로 잡힌다. 이 형태는 백이 망한 결과이다.

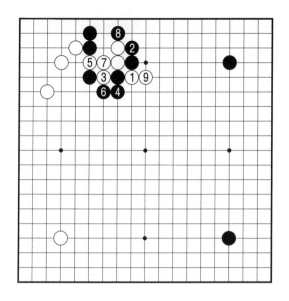

그림7 (백, 만족)

백①로 끊었을 때 흑이
[그림5]와 같이 처리하
는 수단을 발견하지 못
하고 평범하게 ❷로 막
는 것은 대완착이다.
백은 알기 쉽게 ③으로
단수친 후 ⑤에 연결해
서 충분하다. 흑 ❻,
❽이면 백⑨로 뻗어서
흑이 불리한 싸움이다.

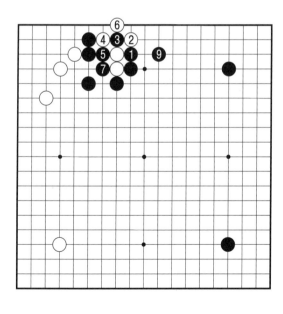

그림8 (백, 죽음)

흑❶로 막았을 때 백이
앞 그림처럼 처리하지
않고 ②로 젖히는 것은
형태에 얽매인 대악수
이다. 흑❸으로 끊는
것이 절묘한 맥점으로
이하 흑❾까지 백돌이
잡힌 모습이다.

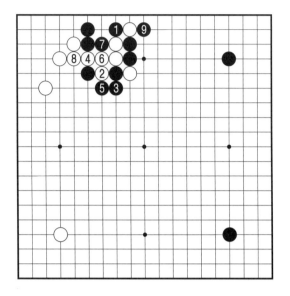

그림9(흑, 유리)

흑❶로 끊었을 때 백②
로 단수친 후 백④로
호구치면 연결은 가능
하다. 그러나 이하 흑
❾까지의 형태와 [그림
7]을 비교할 때 결과는
천양지차이다.

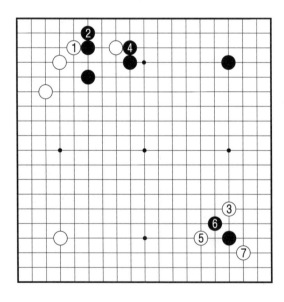

그림10(축머리)

흑❷로 내려서면 백은
③으로 걸쳐서 축머리
를 활용하는 것이 보통
이다. 흑❹는 축을 해
소한 것으로 백⑤로 걸
친 후 백⑦로 3·三에
침입해서 백이 활발한
결말이다.

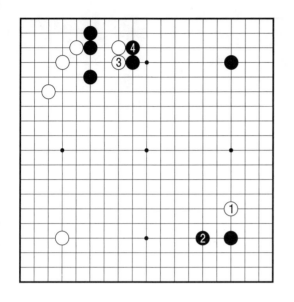

그림11(흑의 강공책)

백①에는 흑❷로 받는 것이 보통이다. 백③에는 흑❹로 막는 것이 준비된 강수. 계속해서…

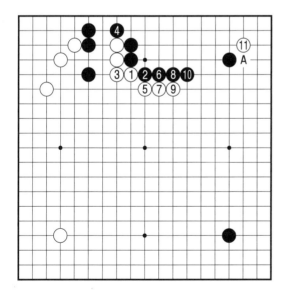

그림12(신형)

앞 그림 다음 백①로 젖히고 흑❿까지가 도전기에 등장한 신형이다. 백은 선수를 취한 후 ⑪로 3·三에 들어가는 진행이 되었는데, 피차 불만 없는 모습이다. 백⑪은 매우 큰 곳으로 이 곳을 방치하면 흑A로 내려서 커다란 흑집이 완성된다.

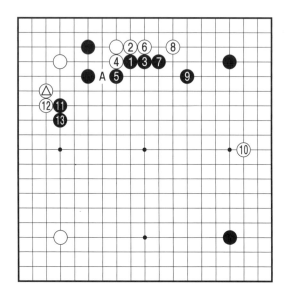

그림13(흑, 호조)

장면도로 돌아가서 흑❶로 씌웠을 때 백②와 ④로 움직이는 것은 의문이다. 이하 백⑩까지가 기본 정석인데, 흑⑪로 씌우는 수가 A의 약점을 효율적으로 방비하는 절호점이 된다. 백은 △로 날인자한 이상 [그림1]처럼 2선으로 마늘모 붙이는 것이 보통이다.

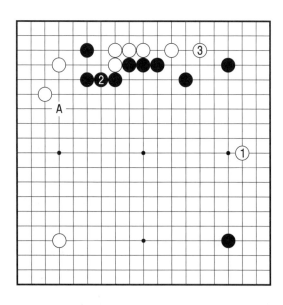

그림14(백, 만족)

백①로 갈라쳤을 때 흑이 앞 그림처럼 A에 씌우지 않고 평범하게 흑❷로 잇는 것은 대완착이다. 백③으로 받아 이것은 도리어 백이 유리한 결과이다. 상변에 쌓은 흑 세력은 좌상귀 백 두 점을 공격하는 데 활용해야 하는데, 뾰족한 공격 수단이 없다.

장면도 12

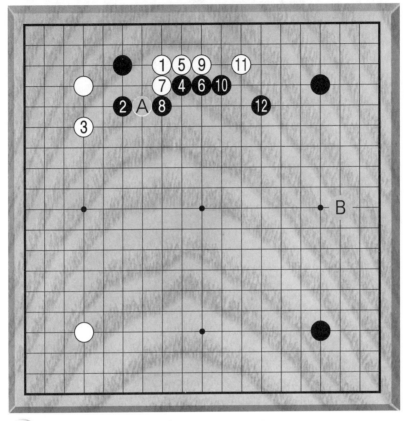

● 둘 차례

백①로 협공했을 때 흑❷로 한 칸 뛴 것은 우변의 2연성을 살려 세력 작전을 펼치겠다는 뜻이다. 백③으로 받았을 때 흑❹로 씌운 것은 예정된 수순으로 백⑤ 이하 흑⓬까지가 기본 정석이다. 계속해서 백의 다음 착점이 관건인데, A와 B 중 올바른 선택은?

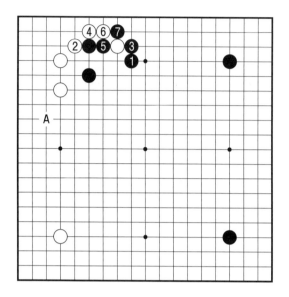

그림1(백의 약점)

흑❶로 씌웠을 때 백이 장면도처럼 처리하지 않고 백②로 마늘모 붙이는 것은 다소 의문이다. 백①은 실리 위주로 두겠다는 뜻인데, 흑❸ 이하 ⑦까지의 기본 정석이 이루어진 후 A의 뒷문이 열려 있다는 것이 백으로선 불만이다.

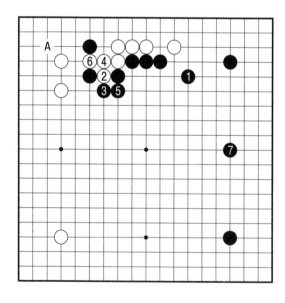

그림2(흑, 활발)

흑❶ 때 백②, ④로 끼워 흑의 약점을 추궁하는 것은 이 경우 시기상조이다. 흑은 이하 ⑥까지 선수한 후 ❼로 전개하는 것이 좋은 수순이다. 좌상귀는 아직도 A의 뒷맛이 남아 있다는 것이 백으로선 고민거리이다.

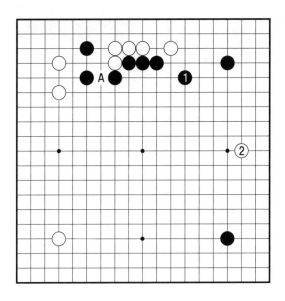

그림3(백의 정수)

흑❶에는 백②로 갈라 치는 것이 정수이다. 백은 이처럼 흑의 세력을 상하로 갈라놓고서 흑의 약점을 노리는 것이 좋은 작전이다. 이 후는 A의 약점을 둘러싼 공방이 관건이다.

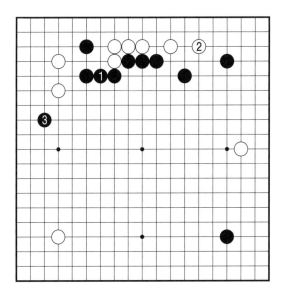

그림4(평범)

흑❶로 잇는 것은 가장 평범한 수단이다. 계속해서 백은 ②로 한 칸 뛰어 형태를 정비하고 흑은 ❸으로 다가서서 귀의 백을 공략하게 되는데, 피차 무난한 진행이다.

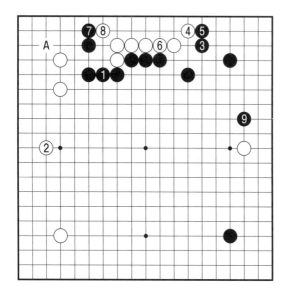

그림5(백, 불만)

흑❶로 이었을 때 백이 앞 그림의 수순을 따르지 않고 곧장 ②로 전개하는 것은 좋지 않다. 흑❸이 백의 잘못을 추궁하는 좋은 수로 이하 백⑧까지 후수 삶을 강요한 후 흑❾로 다가서서 흑이 유리한 결과. 좌상귀 A의 3·三이 비어 있음에 주목한다.

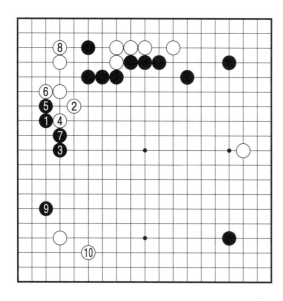

그림6(평범한 진행)

[그림4] 이후의 진행. 흑❶로 다가서면 백은 ②로 마늘모해 중앙으로 진출하는 것이 시급하다. 계속해서 흑❸으로 날일자하고 백④ 이하 ⑩까지가 기본 진행으로 피차 무난한 갈림이다.

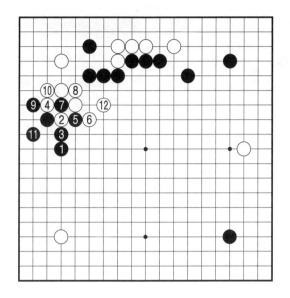

그림7(변화)

흑❶로 날일자하고 백②로 붙였을 때 곧장 흑❸으로 치받는 수도 성립한다. 계속해서 백④로 막고 흑❺ 이하 백⑫까지가 피차 최선을 다한 수순으로 이 진행 역시 기본 정석에 속한다.

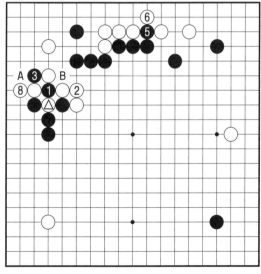

④, ❾…△ ❼…❶

그림8(백, 곤란)

앞 그림의 수순 중 흑이 ❶로 패를 따냈을 때 백이 앞 그림처럼 B에 잇지 않고 본 그림 ②로 잇는 것은 방향 착오. 백②에는 흑❸이 강수로 백④ 때 흑❺가 절대 팻감으로 작용한다. 이하 흑❾까지 진행된 후 A와 B를 맞보기로 해서 백이 곤란한 모습이다.

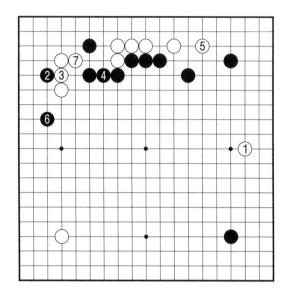

그림9 (흑의 연구)

백①로 갈라쳤을 때 흑이 곧장 ❹로 잇지 않고 흑❷, 백③을 선수로 교환한 후 ❹에 잇는 것이 책략 있는 수법이다. 흑❷를 미리 교환해 둔 까닭에 이후의 진행이 다소 틀려진다.

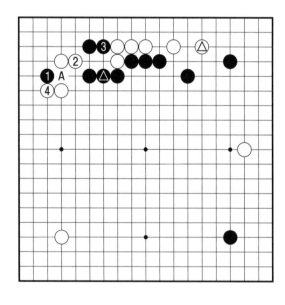

그림10 (수순의 차이)

흑▲, 백△를 미리 교환한 후 흑❶로 들여다보면 백은 A로 잇지 않고 ②로 반발할 가능성이 높다. 계속해서 흑이 ❸으로 쌍립해서 끊기는 약점을 보강한다면 백④로 막아 흑 한 점이 곤경에 처한다.

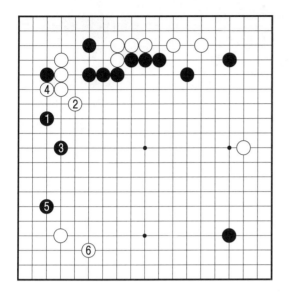

그림11(기본 진행)

[그림9] 이후의 진행. 흑❶로 다가서면 백은 ②로 마늘모해서 중앙으로 진출하는 정도이다. 계속해서 흑❸으로 날일자하고 백④에서 ⑥까지가 기본 진행으로 쌍방 불만 없는 갈림이다.

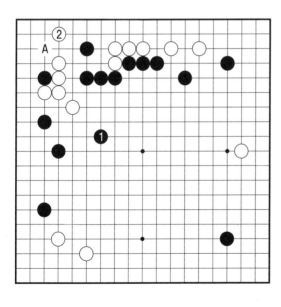

그림12(시급한 보강)

앞 그림의 형태는 장차 흑❶로 중앙을 봉쇄하는 것이 귀의 사활 관계상 선수. 백②는 시급한 보강. 이 수를 게을리 하다가 흑A를 허용하는 순간에 귀의 백이 위험해진다.

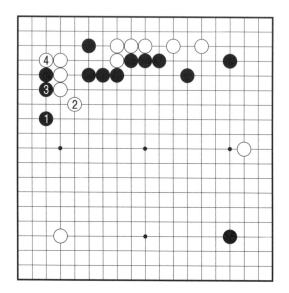

그림13(이해득실)

흑❶로 다가서고 백②로 마늘모했을 때 흑은 ❸으로 연결하는 수도 고려할 수 있다. 그러나 이 형태는 흑❸, 백④의 교환이 흑에게 이득이 되는지 손해가 되는지 판단하기 어려워 보류하는 것이 보통이다.

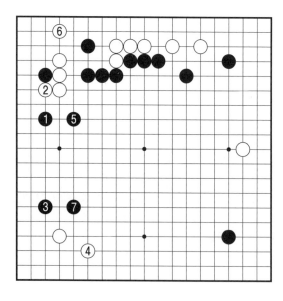

그림14(이해득실)

흑❶로 다가섰을 때 곧장 백②로 차단하는 것은 이 경우 의문이다. 흑은 ❸으로 걸쳐서 백④와 교환한 후 이하 흑❼까지 처리해서 활발한 결과이다. 백으로선 좌상귀가 봉쇄됐다는 점이 무엇보다 쓰라리다.

석 제2장 유행 화점포석
석 제2장 유행 화점포석
석 제2장 유행 화점포석
석 제2장 유행 화점포석
석 제2장 유행 화점포석
제2장 유행 화점포석 유행 화
제2장 유행 화점포석 유행 화
제2장 유행 화점포석 유행 화
제2장 유행 화점포석 유행 화
제2장 유행 화점포석 유행 화

장면도 13

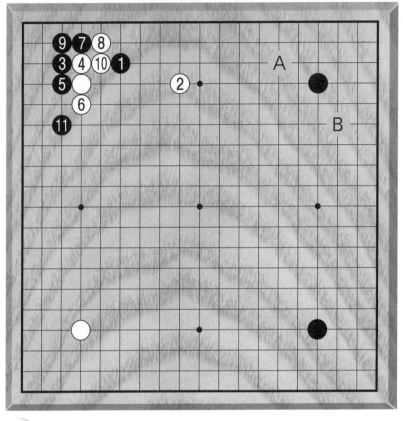

🔵 **둘 차례**

흑①로 걸쳤을 때 백②로 협공한 것은 적극적인 취향이다. 흑❸으로 3·三에 들어간 것은 간명한 선택인데, 흑⓫까지 정석이 이루어지고 난 이후의 진행이 관건이다. A와 B 중 올바른 돌의 방향과 이후의 변화는?

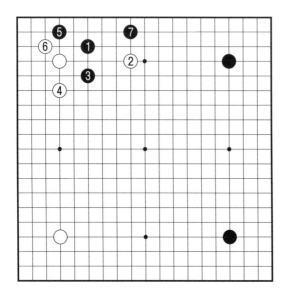

그림1(위치가 낮다)

백②로 협공했을 때 흑은 ❸으로 한 칸 뛴 후 이하 ❼까지 처리하는 것도 기본 정석에 속한다. 이 정석은 흑이 간명하게 실리를 갖고 안정한 반면에 2선에 돌이 2개나 놓인 모습이라 저위라는 것이 약간 불만이다.

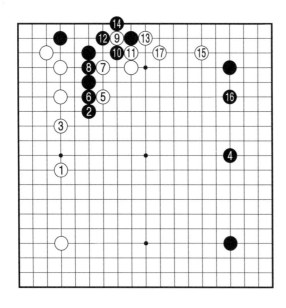

그림2(후속 수단)

앞 그림 이후 백은 ①로 좌변을 지키는 것이 견실한 수법이다. 계속해서 흑이 ❷로 한 칸 뛴 후 ❹로 전개하면 흑이 활발하게 보이지만 백에겐 흑의 약점을 이용해서 흑 세력을 삭감하는 수단이 성립한다. 흑백 충분히 둘 수 있는 결말이다.

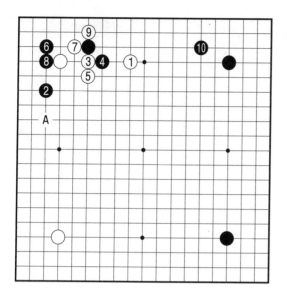

그림3(백, 두텁다)

백① 때 흑❷의 양걸침
은 한때 유행했던 수법
이다. 이하 백⑨까지가
기본 정석인데, 백이
두텁다는 것이 중론이
다. 그러나 흑도 ⑩으
로 귀를 지키면 충분히
둘 수 있는 형태이다.
이 형태는 장차 백A의
다가서는 노림이 있다.

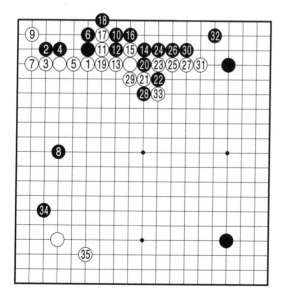

그림4(한 판의 바둑)

백① 때 흑❷로 3·三
에 들어가는 수도 고려
할 수 있다. 이 진행은
한때 대유행했던 수순
들이다. 수순 중 백⑰,
⑲로 끼워 잇기 전에
백⑮, 흑⑯을 먼저 선
수한 것은 꼭 익혀두어
야 할 수순이다.

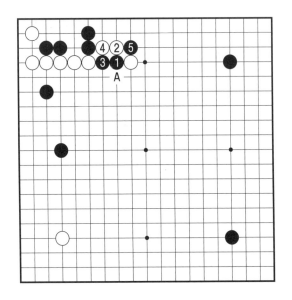

그림5 (흑의 변화)

흑은 앞 그림의 진행이
마음에 들지 않을 경우
2선으로 한 칸 뛰지(앞
그림 흑⑯) 않고 흑❶
로 붙여 변화하는 수도
성립한다. 계속해서 백
②로 젖힌다면 흑❸,
❺로 절단해서 백이 곤
란한 형태이다. A의
축은 성립하지 않는다.

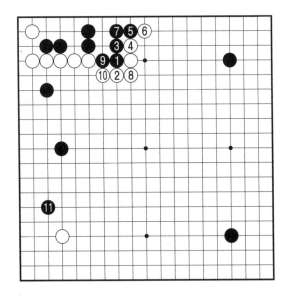

그림6 (백의 정수)

흑❶에는 백②로 젖히
는 것이 정수이다. 계
속해서 흑은 ❸으로 내
려서고 백④ 이하 ⑩까
지가 기본 진행인데,
흑백 충분히 둘 수 있
는 결과이다.

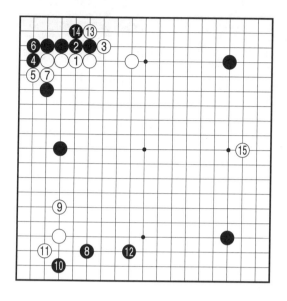

그림7(발이 느리다)

백①로 이었을 때 백이 ⑬으로 내려서지 않고 곧장 ②로 잇는 것은 발이 느려 실전에서 자취를 감춘 수. 백⑬이 기분 좋은 선수 활용으로 흑⑭가 불가피한 만큼 좌상귀는 선수로 봉쇄된 모습. 백⑮로 갈라치기까지 백이 활발한 포석이다.

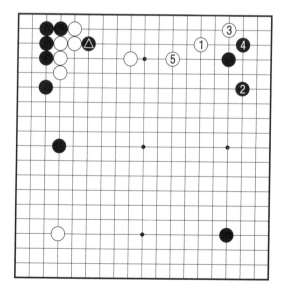

그림8(방향 착오)

장면도로 돌아가서 백①로 걸치는 것은 올바른 돌의 방향이다. 그러나 흑❷로 받았을 때 백③, ⑤로 상변 경영에 주력하는 것은 의문. 상변은 흑△ 한 점이 움직일 수 있는 여지가 있는 만큼 완전한 집으로 보기 힘들다.

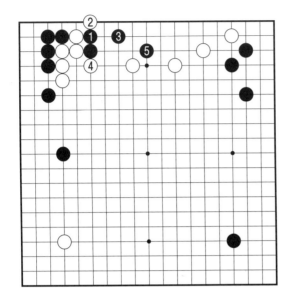

그림9(흑의 뒷맛)

흑은 기회를 봐서 ❶로
움직이는 수가 성립한
다. 계속해서 백이 ②
로 젖혀 차단해도 흑❸
으로 한 칸 뛴 후 ❺로
날일자하면 쉽게 안정
이 가능한 모습이다.
흑으로선 결행 시기를
잘 선택해야 한다.

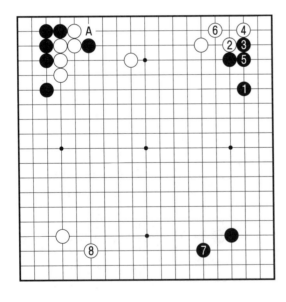

그림10(백의 정수)

흑❶로 날일자하면 백
은 ②로 붙인 후 ④로
이단 젖혀 형태를 정비
하는 것이 수순이다. 앞
그림에 비해 A로 움직
이는 맛이 많이 완화된
모습이다.

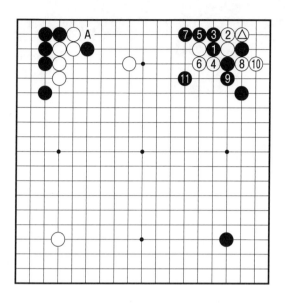

그림11(갈라침이 시급)

백△로 이단 젖혔을 때 흑❶로 단수친 후 ❸으로 뚫는 것은 이 경우엔 성립하지 않는다. 얼핏 이하 흑⓫까지 백 석 점을 장문의 형태로 잡은 것처럼 보이지만…

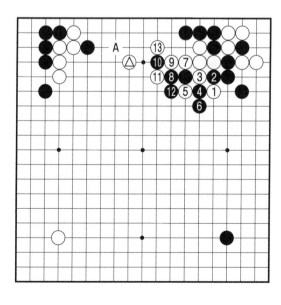

그림12(흑, 곤란)

앞 그림 이후 백은 ①로 움직이는 수가 성립한다. 계속해서 백⑬으로 단수치면 흑 한 점이 축으로 잡힌 모습이다. 백△가 두 칸 높은 협공이 아닌 A의 한 칸 협공이라면 백①로 움직이는 수가 성립하지 않는다.

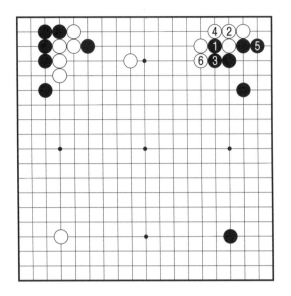

그림13(백, 충분)

흑이 [그림11]의 진행을 피해 ①로 단수친 후 ❸으로 잇는 수 역시 찬성할 수 없다. 백 ④로 연결하면 흑은 ❺로 내려서는 정도인데, 백⑥으로 밀어 올리는 자세가 워낙 좋아 흑이 불만이다.

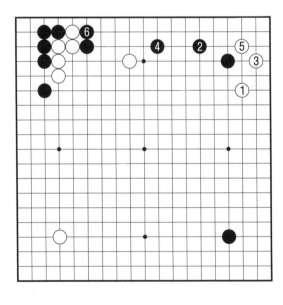

그림14(방향 착오)

장면도 이후 백이 ①로 걸치는 것은 방향 착오이다. 흑❹의 두 칸 벌림이 워낙 절호점이 된다. 백⑤를 기다려 흑 ❻으로 곧장 움직이면 흑이 초반 국면의 주도권을 장악한 모습이다.

포석 제2장 유행 화점포석
포석 제2장 유행 화점포석
포석 제2장 유행 화점포석
포석 제2장 유행 화점포석
포석 제2장 유행 화점포석

제2장 유행 화점포석 유행 화
제2장 유행 화점포석 유행 화
제2장 유행 화점포석 유행 화
제2장 유행 화점포석 유행 화
제2장 유행 화점포석 유행 화

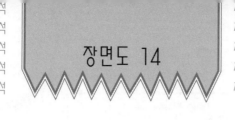

장면도 14

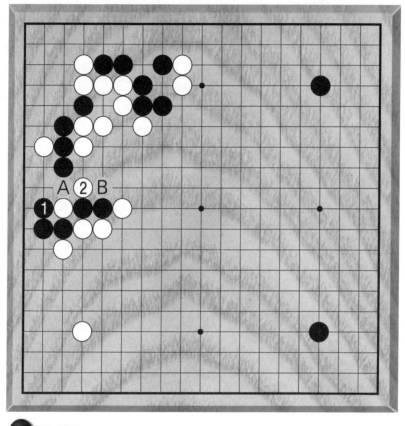

● 둘 차례

좌상귀의 형태는 화점정석 중에서 가장 난해하다고 할 수 있는 두 칸 높은 협공에서 파생된 것이다. 흑❶로 단수치자 백도 ②로 단수 친 장면이다. 흑은 A로 따내는 수와 B로 나가는 수를 생각할 수 있는데, 이 경우 어떻게 두는 것이 최선일까?

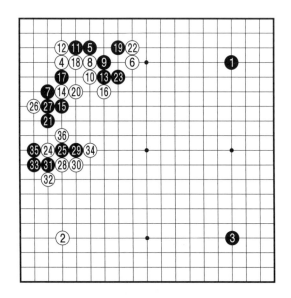

그림1(경과도)

장면도가 이루어지기까
지의 경과도이다. 좌상
귀의 양걸침 정석의 변
화는 워낙 난해한 형태
이기에 요근래 실전에
서 잘 등장하지 않는
경향이 있으나, 한때
우리 나라에서 크게 유
행했던 정석 진행이다.

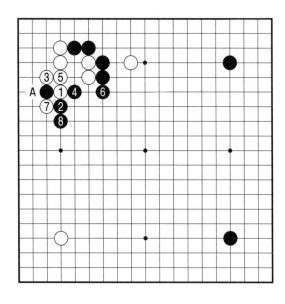

그림2(흑, 두터움)

앞 그림의 수순 중 백
①, 흑❷ 때 간명하게
처리하고 싶다면 백③
으로 호구치는 수가 있
다. 그러나 흑❹의 활
용이 쓰라리고 흑❻으
로 뻗는 자세가 두터우
므로 백으로선 내키지
않는 결과이다. 이후
흑은 A로 빠져서 활용
하는 수를 노린다.

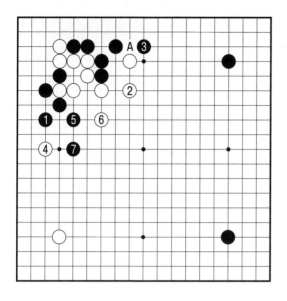

그림3 (흑, 활발)

흑❶로 호구쳤을 때 백
이 [그림1]처럼 A에
막으면 난해한 싸움은
피할 수 없다. 그런 의
미에서 백②로 한 칸
뛴 것은 난해한 진행을
피한 것으로, 흑❸ 이
하 ❼까지 흑이 양쪽을
모두 처리한 모습이다.

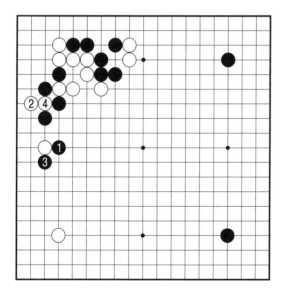

그림4 (기민한 선수
활용)

흑❶로 붙였을 때 백②
로 들여다본 것은 기민
한 선수 활용이다. 언
뜻 기세상 흑❸으로 젖
혀 보고도 싶지만 백④
로 끊기면 흑으로선 실
속 없는 결과만 초래할
뿐이다.

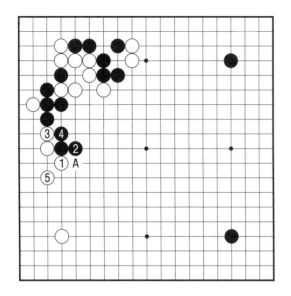

그림5(백의 변화)

백①로 젖히고 흑❷로
뻗었을 때 [그림1]에선
백이 A로 밀었는데,
그 수로는 ③으로 치받
은 다음 ⑤로 견고하게
호구치는 수도 성립한
다. 이후는 앞을 내다
볼 수 없는 싸움이 예
상된다.

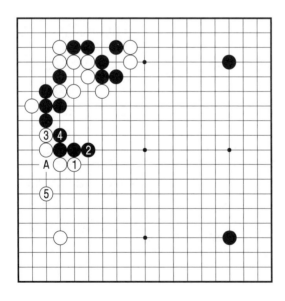

그림6(백의 활용)

백①로 밀었을 때 흑이
A에 끊은 것([그림1]에
서)은 당연한 기세였다.
두 점 머리 급소를 방지
하겠다는 뜻으로 흑❷
로 뻗는 것은 기세에서
뒤지는 수이다. 앞 그림
과 비교해 볼 때 백이
활발한 결과이다.

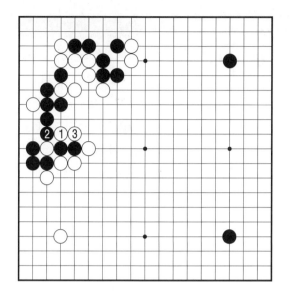

그림7(흑의 정수)

장면도로 돌아가서, 백 ①의 단수에 대해 흑은 ❷로 따내는 한 수이 다. 계속해서 백③의 단수에는 손을 빼어서 상변 흑대마를 움직이 게 되는데, 이것은 피 차 어려운 싸움이 예상 된다.

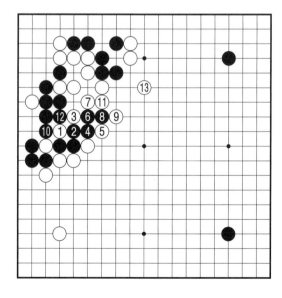

그림8(흑, 곤란)

백①로 단수쳤을 때 흑 ❷로 잇는 수는 성립하 지 않는다. 백③ 이하 흑⓬까지 축은 성립하 지 않지만 백⑨, ⑪이 기분 좋은 선수 활용이 되는 만큼 백⑬으로 씌 우면 상변 흑대마가 사 경을 헤매게 된다.

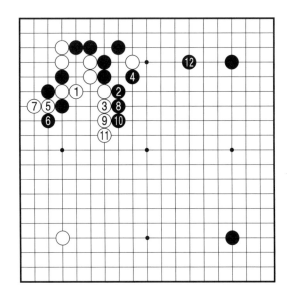

그림9(흑의 간명책)

[그림1]의 수순 중 백이 ①로 이었을 때 좌변에서 호구친 수로는 흑❷로 젖힌 후 ❹로 호구치는 간명책이 성립한다. 계속해서 백③으로 뻗고 흑❹ 이하 ⑫까지가 예상되는 진행인데, 쌍방 불만 없는 갈림이다.

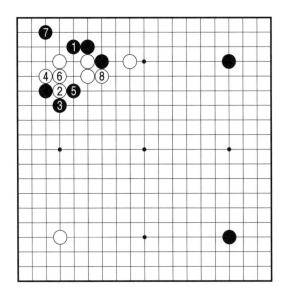

그림10(백의 변화)

흑❶로 뻗었을 때 복잡한 진행을 피해 백②, ④로 붙여 막은 수도 실전에서 시도된 형태이다. 흑은 ❺를 선수한 후 ❼로 날일자해서 안정하게 되는데, 백도 ⑧로 두텁게 막아 전혀 불만 없다.

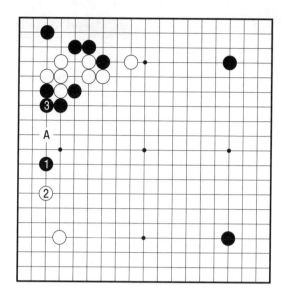

그림11(후속 진행)

앞 그림 이후 흑은 ❶로 전개하는 것이 적절한 수이다. 백②로 다가선다면 흑❸으로 잇는 것이 준비된 수로 흑❶과 적절한 간격을 유지하고 있다. 백으로선 주변이 강해지면 A의 침입을 노릴 수 있다.

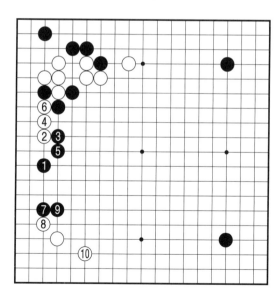

그림12(백의 적극책)

흑❶로 전개했을 때 백②로 침입하는 것은 적극적인 수단이다. 계속해서 흑❸으로 붙이고 백④ 이하 ⑩까지가 거의 필연적인 진행으로, 이 형태 역시 피차 불만 없는 모습이다.

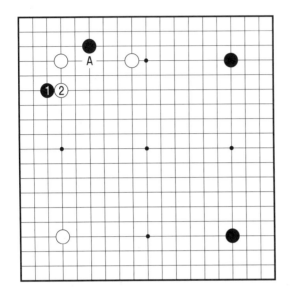

그림13(방향 착오)

장면도의 경과도로 돌
아가서 흑이 ❶로 양걸
침했을 때 백이 A에
붙이지 않고 ②로 붙이
는 것은 방향 착오이
다. 계속해서…

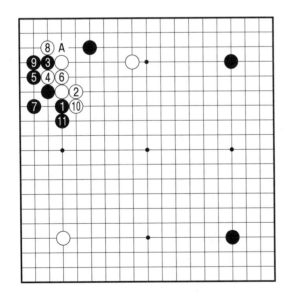

그림14(흑, 능률적)

앞 그림에 계속해서 흑
은 ❶로 젖힌 후 ❸으
로 붙이는 것이 좋은
수순이다. 흑⓫까지 흑
의 실리가 돋보이는 모
습이다. 백은 A의 약
점도 부담이다.

포석 제2장 유행 화점포석
포석 제2장 유행 화점포석
포석 제2장 유행 화점포석
포석 제2장 유행 화점포석
포석 제2장 유행 화점포석

제2장 유행 화점포석 유행 호
제2장 유행 화점포석 유행 호
제2장 유행 화점포석 유행 호
제2장 유행 화점포석 유행 호
제2장 유행 화점포석 유행 호

장면도 15

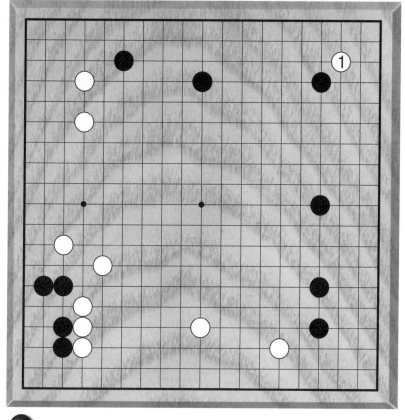

● 둘 차례

화점의 약점은 3·三이다. 화점에서 양쪽 변으로 전개한 포석 형태
에서 3·三 침입은 가장 알기 쉬운 세력 삭감법이다. 그럼 백①로
3·三 침입한 이후의 변화를 알아보기로 한다.

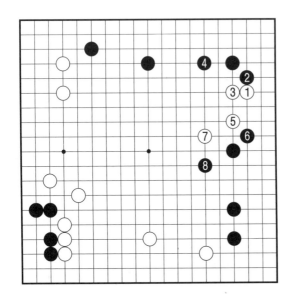

그림1(백, 고전)

백①로 걸치면 흑❷로 붙여 세워 공격하는 것이 좋다. 흑❹ 때 백⑤로 좁게 벌릴 수밖에 없다는 것이 백의 고충으로 흑❻ 이하 ❽까지 일방적으로 공격받아서는 백의 고전이 역력하다.

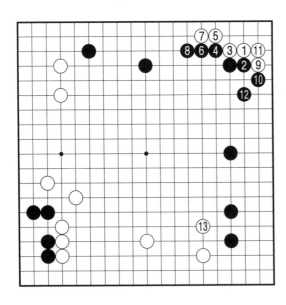

그림2(보통의 진행)

백①로 3·三 침입했을 때 흑❷로 막은 것은 올바른 방향으로 발전 가능성이 큰 쪽으로 막는 것이 좋다. 백은 선수를 뽑아 ⑬의 요처를 차지해서 흑의 대세력 작전에 대항한다.

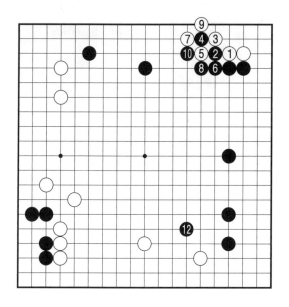

그림3 (2단 젖힘)

백①, ③ 때 흑❹로 2단 젖히는 수는 신중을 기해 사용해야 한다. 계속해서 백이 ⑤, ⑦로 단수쳐서 흑 한 점을 잡는 것은 대완착. 흑은 이하 백⑪까지 선수한 후 ⓬에 손을 돌릴 수 있으니 대만족이다.

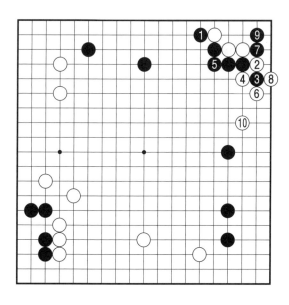

그림4 (올바른 응수)

흑❶에는 백②, ④로 젖혀 끊는 것이 올바른 응수법이다. 백⑥ 이하 ⑩까지 우변의 흑 세력을 파괴해 백이 유리한 결말이다.

137

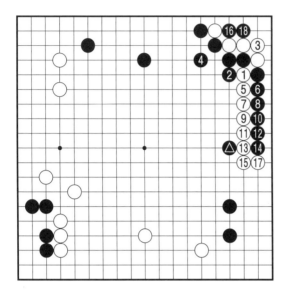

그림5(백, 만족)

백①　때　흑❷라면　백③
으로　잇는　것이　침착하
다.　계속해서　흑❹로
호구친다면　백⑤로　뻗
는　수가　성립한다.　이
후　흑은　귀의　백을　잡
기　위해　2선을　기어야
하는데,　▲　한　점이　못
쓰게　되는　만큼　흑이
불리하다.

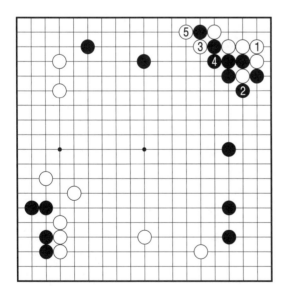

그림6(실리가 크다)

백①　때　흑❷로　따내면
앞　그림의　진행은　피할
수　있지만　백③,　⑤까
지　귀의　실리가　크게
굳어진다.　반대로　흑은
빵때림을　했다고는　하
지만　형태상　중복의　의
미가　짙다.

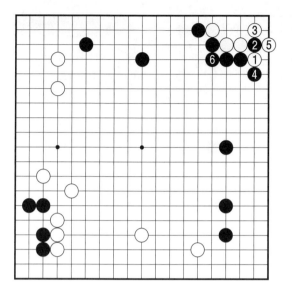

그림7(흑의 연구)

백①의 젖힘에 대해 흑
은 속수의 의미는 있지
만 ❷로 끊어 백⑤까지
선수한 후 ❻으로 잇는
것이 좋다. 이 형태는
흑이 후수를 잡았지만
양쪽을 모두 봉쇄한 모
습이니 충분히 둘 수
있다.

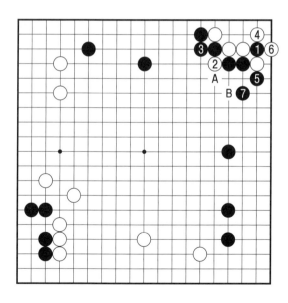

그림8(기민한 선수)

흑❶ 때 백②로 단수쳐
서 흑❸으로 잇게 하는
것이 기민한 선수 활용
이다. 계속해서 백이
④에서 ⑥으로 흑 한
점을 잡으면 흑은 ❼로
보강하는 정도인데, 이
후 백A 또는 B로 움직
이는 뒷맛이 남는 만큼
백이 유리하다.

139

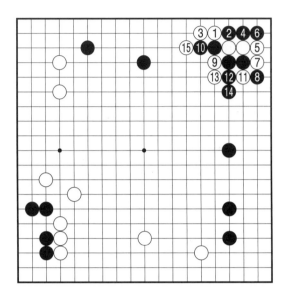

그림9(특수한 수법)

백① 때 축이 흑에게 유리하다면 ❷로 끊는 특수한 수법도 성립한다. 백③은 축유리를 전제한 것. 축의 성립 여부에 따라 유불리가 결정된다.

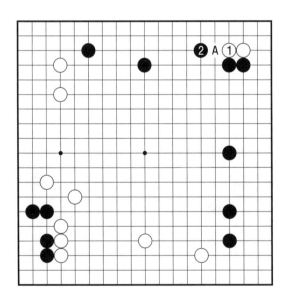

그림10(흑의 연구)

백① 때 흑이 A로 젖히지 않고 ❷로 날일자하는 수가 근래에 와서 개발된 수법으로 실전에 더욱 자주 사용된다.

140

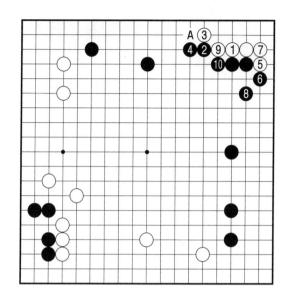

그림11(기본 정석)

백① 때 흑❷라면 백③
으로 붙이는 것이 맥점
이다. 계속해서 흑❹로
늘고 백⑤ 이하 흑❿까
지가 기본 정석이며,
장차 A의 곳이 쌍방간
에 매우 중요한 요소로
작용한다.

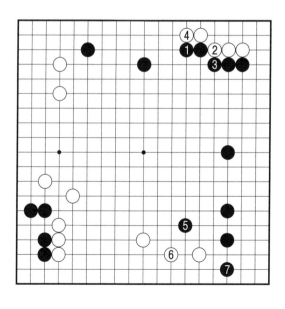

그림12(또 다른 수단)

흑❶ 때 백은 2선으로
젖혀 잇지 않고 ②, ④
로 두는 수도 성립한다.
계속해서 흑은 손을 빼
서 큰 곳에 선행하게 되
는데, 백으로선 흑의 두
점 머리를 둘러싼 약점
을 어떻게 이용할 것인
지가 관건이다.

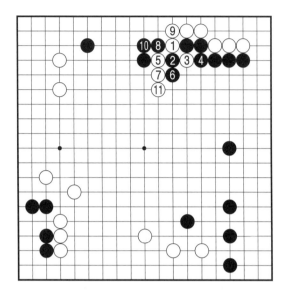

그림13(백의 노림)

만약 백에게 선수가 돌
아온다면 백①로 두 점
머리를 두드린 후 ③,
⑤로 돌파하는 것이 백
의 노림이다. 이하 백⑪
까지 백으로선 충분히
해 볼 만한 싸움이다.

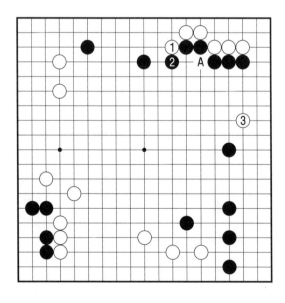

그림14(뒷맛을 노림)

백①로 하나 젖혀 흑❷
와 교환하고 나서 백③
으로 침입하는 수도 성
립한다. 흑은 A의 약
점이 부담으로 남는 만
큼 우변에 침입한 백
한 점을 강력하게 공격
할 수 없을 것이다.

포석 제2장 유행 화점포석   제2장 유행 화점포석 유행 화
포석 제2장 유행 화점포석   제2장 유행 화점포석 유행 화
포석 제2장 유행 화점포석   제2장 유행 화점포석 유행 화
포석 제2장 유행 화점포석   제2장 유행 화점포석 유행 화
포석 제2장 유행 화점포석   제2장 유행 화점포석 유행 화

장면도 16

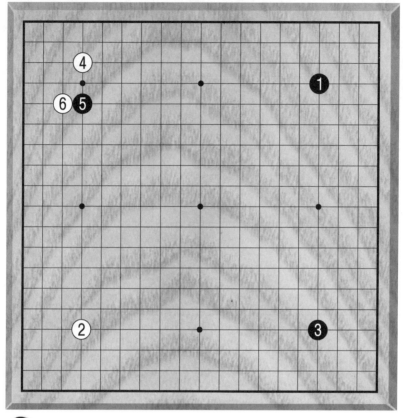

● 둘 차례

흑의 2연성 포석에 대해 백이 소목과 화점으로 맞선 모습이다. 이
처럼 상대방이 소목과 화점으로 맞서면 흑으로선 ❺처럼 소목에 걸
치는 것이 가장 보편적이다. 계속해서 백⑥으로 붙인 것은 알기 쉽
게 귀의 실리를 차지하겠다는 뜻인데, 이후의 포석 진행을 살펴 보
기로 한다.

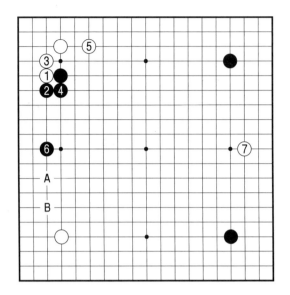

그림1(평범한 포석)

이하 흑❻까지 정석이 마무리된 후 백⑦로 갈라친 것은 유연하게 국면을 이끌겠다는 뜻이다. 이후 백이 둔다면 A, 흑이 둔다면 B의 곳이 호점이다.

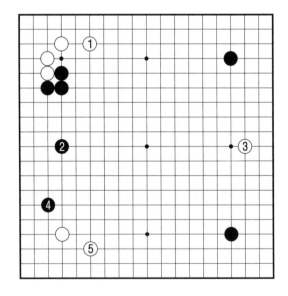

그림2(시급한 걸침)

백① 때 흑은 세력을 중시하여 ❷로 4선에 전개하는 수도 가능하다. 계속해서 백③으로 갈라친다면 흑❹로 걸치는 것이 시급한 요소가 된다.

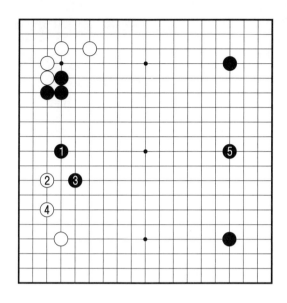

그림3 (노림수)

흑❶ 때 백②로 다가선 것은 뛰어드는 노림을 간직하겠다는 뜻이다. 흑은 ❸으로 씌워 침입을 완화시킨 후 ❺로 전개하게 되는데, 전형적인 세력대 실리의 갈림의 된다.

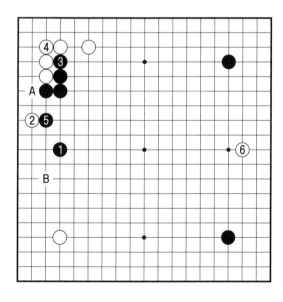

그림4 (응수 타진)

흑❶ 때 백②로 2선에 침입해서 흑의 응수를 엿보는 것이 재미있는 착상이다. 계속해서 흑❸으로 찌른 후 백④ 때 흑❺로 막은 것은 중앙을 중시한 것이다. 이 형태는 장차 A에 넘는 수가 있는 만큼 백B로 다가서는 수가 시급하지 않다.

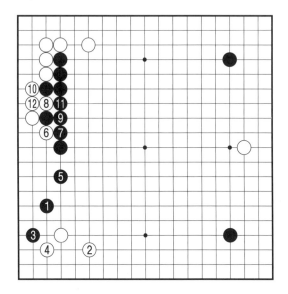

그림5(흑의 방향 착오)

같은 의미로 흑도 **❶**, **❸**, **❺**의 요령으로 좌변에 집을 짓는 것은 좋지 않다. 백이 ⑥으로 젖힌 후 이하 ⑫까지 넘고 나면 흑으로선 실속 없는 결과를 초래했을 뿐이다.

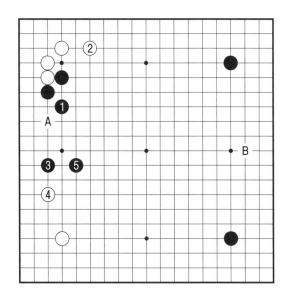

그림6(능률적인 호구 이음)

정석 과정 중 흑은 **❶**로 호구쳐서 잇는 수도 가능하다. 흑**❶**은 백②때 흑**❸**으로 변으로 한 칸 더 벌리겠다는 뜻이다. 계속해서 백④의 다가섬은 A의 침입을 노리고 있으므로 생각보다 가치가 큰 곳이다. 흑**❺**로 지킨 수로는 B도 가능하다.

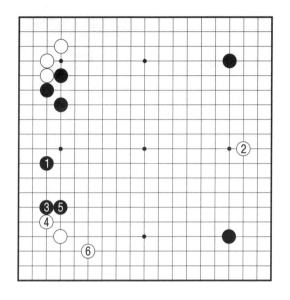

그림7(걸침이 크다)

흑❶ 때 백이 ②로 갈라친다면 흑❸으로 걸치는 것이 큰 곳으로 작용한다. 백은 ④로 마늘모 붙인 후 ⑥으로 지키는 정도인데, 흑으로선 좌변 흑 모양이 집으로 굳어졌다는 것이 자랑이다.

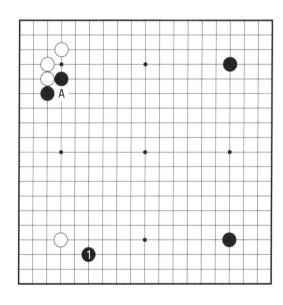

그림8(책략적)

흑은 A의 약점을 보강하기 전에 ❶로 걸쳐서 백의 응수를 엿보는 것이 재미있는 착상이다. 흑은 백의 응수 여하에 따라 다음의 작전을 가져가겠다는 뜻이다.

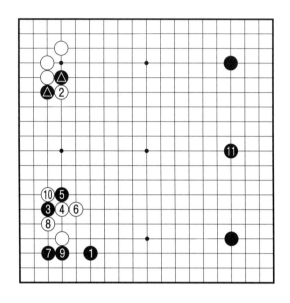

그림9(흑, 발빠른
포석)

흑❶로 걸쳤을 때 백②
로 곧장 흑의 약점을
추궁하는 것은 좋지 않
다. 흑은 ❸으로 양걸
치는 수가 좋은 수로
백④ 이하 흑⓫까지 발
빠른 포석을 둘 수 있
다. 흑△는 여전히 활
용의 여지가 남아 있는
모습.

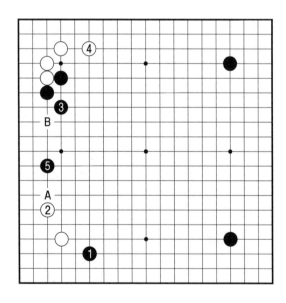

그림10(차이점)

흑❶로 걸친 것은 백②
로 받아 달라는 것이
다. 백②라면 흑❸으로
호구친 후 백④ 때
흑❺로 전개하겠다는
뜻이다. 백②로는 A에
돌이 있는 것이 B의
침입을 노리기가 쉽다
는 측면에서 제격이라
고 할 수 있다.

148

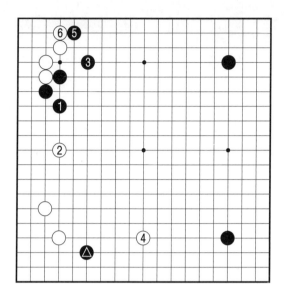

그림11(백의 반발)

흑❶ 때 앞 그림과 같
은 진행을 피하고 싶다
면 백②로 협공하는 것
이 좋다. 피차 충분히
둘 수 있는 형태이다.
이후 흑은 ▲ 한 점을
움직이게 된다.

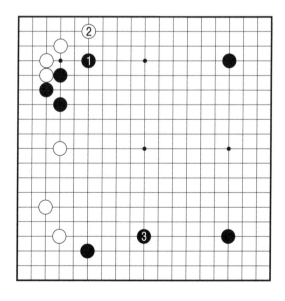

그림12(흑, 활발한
포석)

앞 그림의 수순 중 흑❶
로 날일자했을 때 백②
로 받는 것은 좋지 않
다. 흑은 ❸으로 전개
하는 것이 좋은 수로 양
쪽을 모두 처리한 만큼
유리한 포석 형태이다.

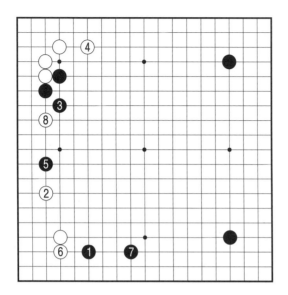

그림13(눈목자 받음)

흑❶로 걸쳤을 때 백
②로 눈목자해서 받는
것이 최근에 와서 유행
하는 수이다. 계속해서
흑❸으로 호구친 후 이
하 ❼까지 진행된다면
백⑧의 침입이 제격이
된다는 것이 백②로 받
은 이유이다.

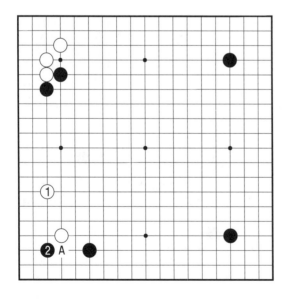

그림14(흑의 작전)

앞 그림은 백의 의도대
로 이므로 흑도 백①
때 ❷로 3·三 침입하
는 것이 기세의 진행이
다. 이후 백은 A에 막
고 버티게 되는데, 또
다른 포석 진행이 이루
어진다.

포석 제2장 유행 화점포석
포석 제2장 유행 화점포석
포석 제2장 유행 화점포석
포석 제2장 유행 화점포석
포석 제2장 유행 화점포석

제2장 유행 화점포석 유행 화·
제2장 유행 화점포석 유행 화·
제2장 유행 화점포석 유행 화·
제2장 유행 화점포석 유행 화·
제2장 유행 화점포석 유행 화·

장면도 17

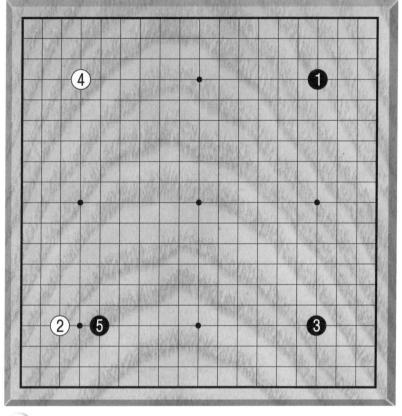

● 둘 차례

흑의 2연성 포석에 대해 백은 소목과 화점으로 맞섰다. 이 포석은
좌하귀에 착점한 소목의 방향관계상 흑❺로 걸치는 것이 거의 절대
적인 한 수로 여겨지고 있다. 그럼 흑❺로 걸친 이후의 포석 변화
를 검토해 보기로 한다.

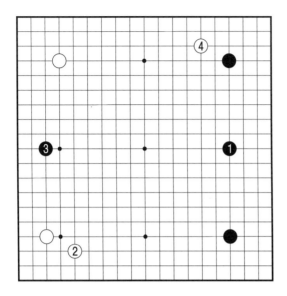

그림1(백, 견실)

흑이 좌하귀에 걸치지 않고 곧장 우변에 3연성을 펼치는 것은 백②의 날일자 굳힘이 우변 흑 세력을 날카롭게 견제하는 작용을 한다. 계속해서 흑❸으로 갈라치고 백④로 걸치는 진행이 예상되는데, 아무래도 백이 견실한 포석이다.

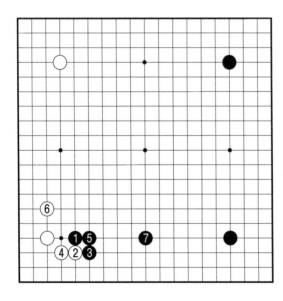

그림2(평범한 포석)

흑❶로 걸치면 백은 ②로 붙여서 실리를 차지하는 것이 가장 알기 쉬운 정석 선택이다. 계속해서 흑❸으로 젖히고 이하 흑❼까지 세력대 실리의 갈림이 되는 포석이다.

152

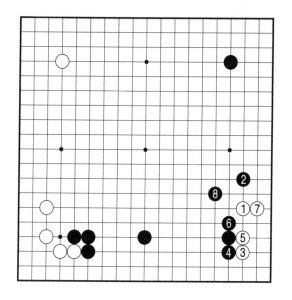

그림3(흑의 일관된
세력작전)

앞 그림 이후 백은 ①
로 걸쳐서 흑 세력의
확장을 견제하는 것이
일반적이다. 흑❷로 협
공한 것은 일관된 세력
작전이며, 이하 흑❽까
지 세력 대 실리의 갈림
이 되는 포석이 된다.

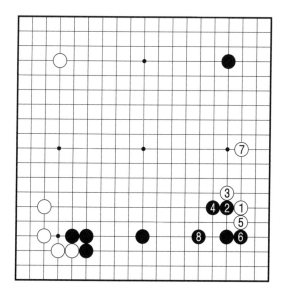

그림4(접바둑 정석)

백①로 걸쳤을 때 흑❷
로 붙이는 수는 접바둑
에서 종종 사용되는
수. 이하 흑과 백 모두
불만 없는 갈림이다.

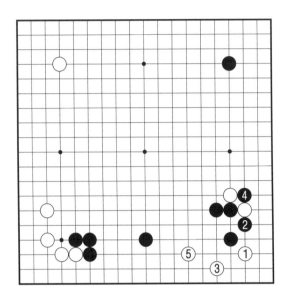

그림5(백의 반발)

그러나 백은 앞 그림처
럼 두지 않고 ①로 3·
三에 뛰어들 가능성이
높다. 계속해서 흑❷로
막는다면 백③으로 날
일한 후 흑❹ 때 백⑤
로 하변을 초토화시켜
백이 유리한 포석이다.

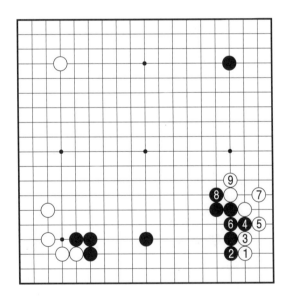

그림6(실리가 크다)

백① 때 앞 그림과 같
은 진행을 피하고 싶다
면 ❷로 막을 수밖에
없다. 계속해서 백③에
는 흑❹, ❻으로 끼워
이은 후 이하 흑❽까지
일관된 세력 작전을 펼
치는 것이 요령이다.
그러나 상대적으로 허
용한 백의 실리가 커서
흑이 실속 없다.

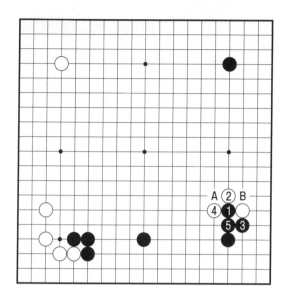

그림7(실전적)

흑❶로 붙인 이상 백②
때 흑❸으로 막는 것이
귀의 실리를 차지할 수
있는 실전적인 처리 수
단이다. 백은 ②, ④로
단수친 이후 A에 이을
것인지 B에 이을 것인
지를 선택하게 된다.

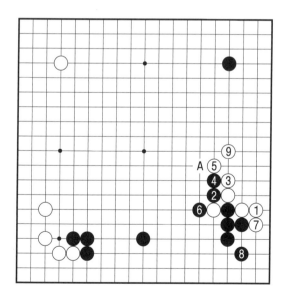

그림8(불만 없는
갈림)

백①은 실리를 중시한
것이다. 계속해서 흑은
❷로 끊게 되는데, 백
③이하 ⑨까지가 기본
정석으로 되어 있다.
이 포석 형태는 쌍방
불만 없는 갈림이다.
수순 중 백⑨로는 중앙
을 중시하여 A에 뻗는
수도 가능하다.

155

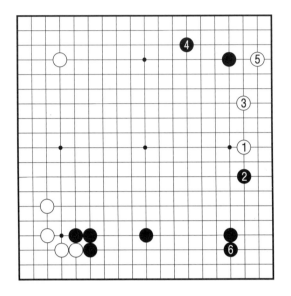

그림9 (유연한 백)

백은 유연하게 우변에 가라치는 수도 가능하다. 계속해서 흑❷로 다가선 것은 올바른 방향이다.

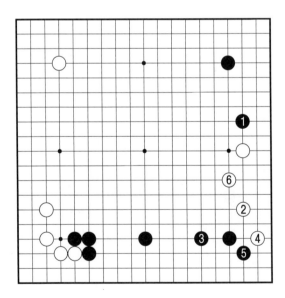

그림10 (방향 착오)

백이 갈라쳤을 때 흑❶로 다가서는 것은 방향 착오이다. 백은 ②로 걸친 후 이하 ⑥까지 튼튼하게 틀을 갖추는 것이 중요하다. 이 포석 형태는 아무래도 백이 편하다.

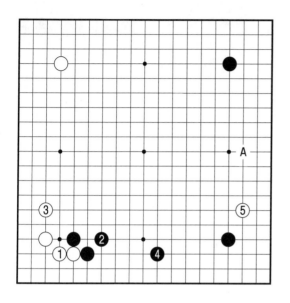

그림11(흑, 부적절)

백①　때　흑은　❷로　호
구쳐서　두는　수도　가능
하다.　그러나　백③　때
흑❹로　전개하는　것은
형식에　얽매인　수로서
부적절한　정석　선택이
다.　백은　⑤로　걸치거
나　A에　갈라쳐서　충분
한　바둑이다.

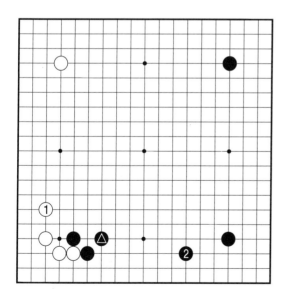

그림12(능동적)

백①로　받았을　때　하변
에　전개하는　수로는　흑
❷처럼　눈목자해서　귀
를　굳히는　것이　능동적
인　포석　구상이다.　흑은
▲로　호구친　이상　이처
럼　능동적으로　국면을
이끌어　나가야　한다.

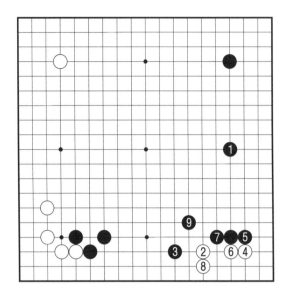

그림13(흑, 활발)

흑은 귀를 굳히지 않고
곧장 우변에 전개하는
수도 가능하다. 계속해
서 백②로 걸친다면 흑
❸으로 한 칸 협공한 후
이하 ❾까지 세력을 쌓
아서 충분한 바둑이다.

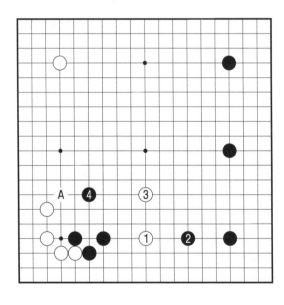

그림14(중앙 전투)

백은 ①처럼 하변에 두
어 흑 석 점에 대한 공
격을 엿보는 것이 보다
능동적인 작전 구상이
다. 계속해서 흑❷로
협공하고 백③, 흑❹까
지 중앙전이 되는데,
피차 어려운 포석이다.
흑은 장차 흑A로 어깨
짚는 수가 절호점으로
작용한다.

제3장

프로의 실전포석

석 제3장 프로의 실전포석
석 제3장 프로의 실전포석
석 제3장 프로의 실전포석
석 제3장 프로의 실전포석
석 제3장 프로의 실전포석
석 제3장 프로의 실전포석

제3장 프로의 실전포석 제3장
제3장 프로의 실전포석 제3장
제3장 프로의 실전포석 제3장
제3장 프로의 실전포석 제3장
제3장 프로의 실전포석 제3장
제3장 프로의 실전포석 제3장

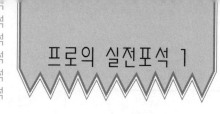

프로의 실전포석 1

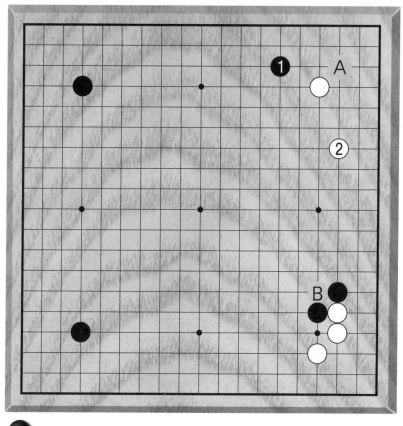

● 둘 차례

제27기 명인전 도전 5번기 제5국에서 이창호 9단(흑)과 최명훈 5단의 실전에서 등장한 형태이다. 흑❶로 걸치자 백이 ②로 눈목자 한 장면인데, 흑의 다음 한 수가 작전의 기로이다. A로 3·三 침입했을 때와 B에 이었을 때의 변화를 살펴본다.

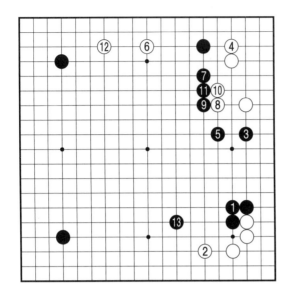

그림1(실전 진행)

실전에서 이창호 9단은
흑❶로 이은 후 백②
때 흑❸으로 바짝 다가
서는 진행을 선택했다.
백이 활발한 포석이다.

[그림2]

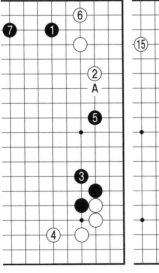

[그림3]

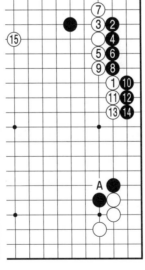

그림2(보통)

흑❶ 때 백A로 받은
수로는 백②가 보통이
다. 이 결과는 아무래
도 흑이 양쪽을 능률적
으로 둔 결과이다.

그림3(호각의 갈림)

백① 때 흑A에 이은
수로는 흑❷의 3·三
침입이 보통이다. 서로
호각의 갈림이다.

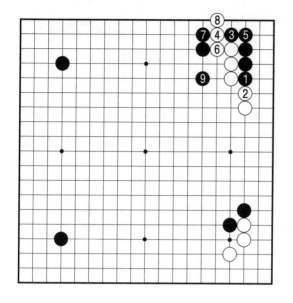

그림4 (백, 불만)

앞 그림의 수순 중
흑❶로 치받았을 때 백
이 ❸으로 내려서지 않
고 ②로 막는 것은 좋
지 않다. 흑은 ❸, ❺
로 젖혀 잇고 이하
❾까지 처리하는 것이
좋은 수순으로 흑이 유
리한 결과이다.

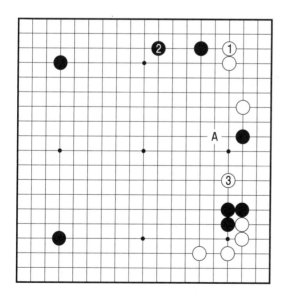

그림5 (흑, 곤란)

실전 진행에서 백이 ①
로 귀를 지켰을 때 흑A
로 한 칸 뛰어 우변을
중시한 것은 당연한 한
수였다. 여기서 자칫 발
빠르게 흑❷로 두 칸
벌리는 것은 백③으로
침입해 왔을 때 흑의 다
음 응수가 어렵다.

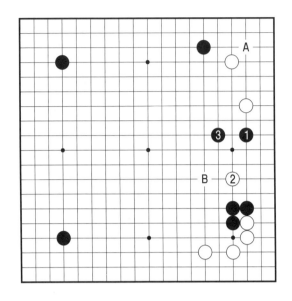

그림6(백, 성립)

흑❶로 바짝 다가섰을 때 백이 귀를 지킨 것은 정수. 흑❶에 대해 즉각 백②로 뛰어드는 것은 성급한 행동으로 흑❸이 눈여겨봐 둬야 할 침착한 호착이다. 이후 흑은 A와 B가 맞보기이다.

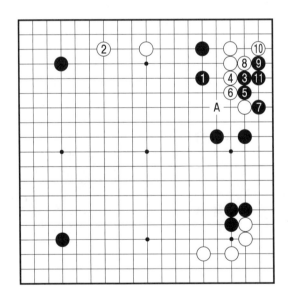

그림7(통렬한 침입)

실전 진행에서 흑❶로 한 칸 뛰었을 때 백도 A에 한 칸 뛰어 귀를 선수로 보강한 것은 절대였다. 백A로 한 칸 뛰지 않고 곧장 ②로 전개하면 흑❸이 통렬한 침입이 된다. 이하 흑⓫까지 백으로선 손해가 너무 크다.

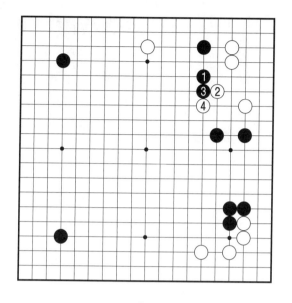

그림8 (백, 능률적)

흑❶ 때 백은 형태학상 실전처럼 한 칸 뛰지 않고 ②로 날일자하는 것이 더욱 능률적인 행마법이다. 흑이 ❸으로 받아 준다면 백④로 젖혀 이것은 백의 의도대로이다.

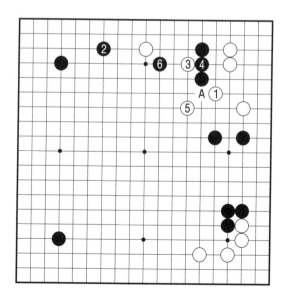

그림9 (흑의 반발)

그러나 백① 때 흑은 A에 받지 않고 ②로 변화할 가능성이 높다. 계속해서 백이 ③, ⑤로 공격해도 흑❻이 수습의 급소로 백으로선 별 무신통인 모습이다.

165

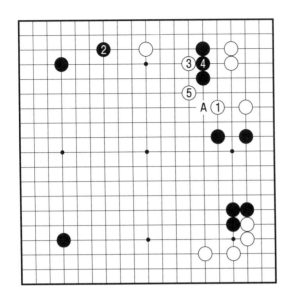

그림10(차이점)

실전처럼 백①로 한 칸
뛰면 흑A로 붙여 봉쇄
하는 것이 절대이다.
여기서 흑❷로 전환하
는 것은 의문. 백③,
⑤가 적절한 공격. 이
렇게 되면 앞 그림과는
큰 차이가 난다.

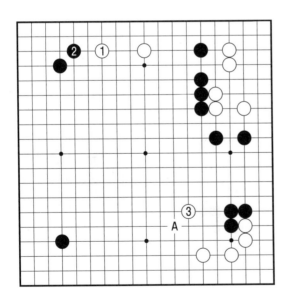

그림11(작전 변경)

백①로 전개했을 때 실
전에서 흑은 A에 두어
우변 건설에 주력했는
데, 돌의 흐름상 당연
한 한 수였다. 흑❷는
작전의 일관성이 없는
수로 백③을 허용하는
순간 흑이 불리한 포석
이 된다.

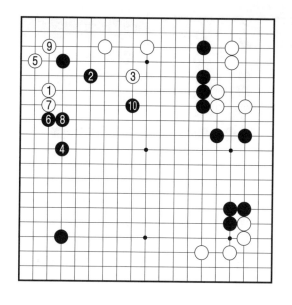

그림12(실전 진행
이후)

[그림1] 이후의 실전진
행이다. 백①로 양걸침
하자 흑은 ❷로 날일자
한 후 ❹로 협공했는데
백⑤, 흑❻ 때 백⑦,
⑨가 초반 포석을 그르
친 결정적인 완착이었
다. 흑❿이 대세상의
절호점으로, 흑의 중앙
세력이 크게 돋보이는
바둑이다.

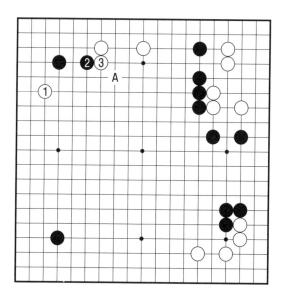

그림13(평범)

백①로 양걸침했을 때
흑이 앞 그림처럼 날일
자하지 않고 평범하게
둔다면 ❷로 어깨짚는
것이다. 그러나 이것은
백③ 또는 A로 날일자
해서 백으로선 충분한
진행이다.

167

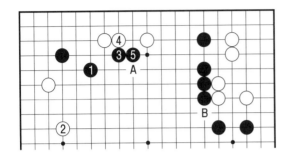

그림14(흑, 능률적)

흑❶ 때 백이 A로 받은 것은 당연한 돌의 방향. 자칫 ②로 응수하기 쉬운데 그러면 흑❸, ❺가 절호점이 된다. 이 진행이면 백B의 뒷맛이 거의 사라진다.

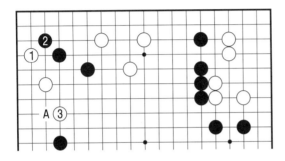

그림15(흑, 불만)

백① 때 흑A는 적절한 정석 선택이었다. 이에 대해 흑❷로 응수하는 것은 백③ 때 다음 응수가 어렵다.

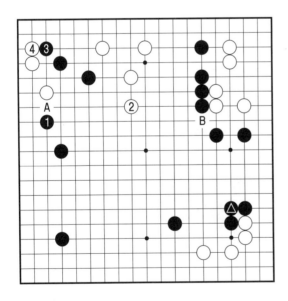

그림16(백, 충분)

흑❶ 때 백A가 결정적인 완착. 흑❶에는 백②의 한 칸 뜀이 생략할 수 없는 요처였다. 흑❸에는 백④로 충분히 수습이 가능한 모습. 이후 백은 B의 젖힘이 좋은 노림이다. 이 진행이면 흑△ 이후 초반 포석 진행은 백의 성공으로 보여진다.

제3장 프로의 실전포석 제3장
제3장 프로의 실전포석 제3장
제3장 프로의 실전포석 제3장
제3장 프로의 실전포석 제3장
제3장 프로의 실전포석 제3장
제3장 프로의 실전포석 제3장

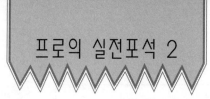

프로의 실전포석 2

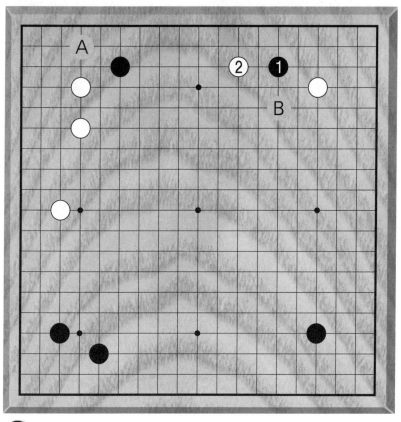

● 둘 차례

제7기 비씨카드배 본선 리그에서 안조영 3단(흑)과 최명훈 5단의
실전에서 등장한 형태이다. 흑❶로 걸치자 백②로 한 칸 협공한 장
면인데, 흑의 다음 한 수가 작전의 기로이다. A와 B 중 올바른 돌
의 방향과 이후의 변화는?

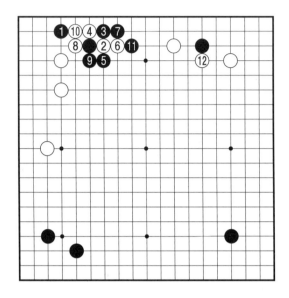

그림1(실전 진행)

실전에서 흑은 ❶로 날 일자했는데, 백②의 붙임이 적절한 정석 선택이 되고 있다. 이하 흑 ⑪까지 피차 최선을 다한 진행인데, 선수를 취한 백이 ⑫로 붙일 수 있어서는 아무래도 백이 활발한 진행이다.

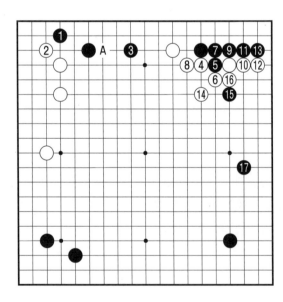

그림2(흑, 만족)

흑❶ 때 백A로 붙이지 않고 평범하게 둔다면 백②로 받는 것이다. 그러나 이것은 흑❸의 벌림을 허용해 싱거운 모습이다. 계속해서 백 ④로 붙여 봉쇄해도 이하 흑⑰까지의 진행에서 보듯이 백의 포석 실패이다.

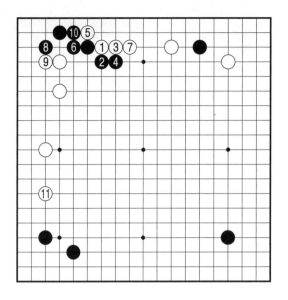

그림3(백, 충분)

백①로 붙였을 때 실전처럼 2선으로 젖히지 않고 4선으로 젖히는 변화이다. 흑❷에는 백③으로는 흑❹ 때 백⑤가 기분 좋은 선수 활용. 이하 백⑪까지가 예상되는 진행인데, 백이 양쪽을 모두 처리한 모습이다.

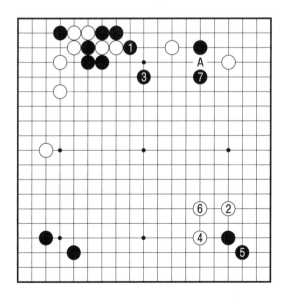

그림4(작전 착오)

흑❶로 단수쳤을 때 백 A로 붙여 기의 흑 한 점을 봉쇄한 것은 정수이다. 자칫 백②로 걸쳐 축머리를 활용하기 쉬운데, 흑❸으로 응수한 후 백④ 때 흑❺, ❼로 처리해서 백이 불리하다.

171

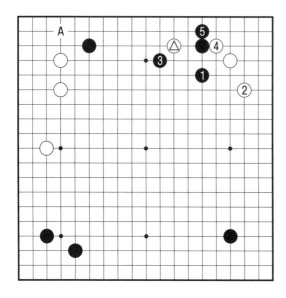

그림5(흑의 정수)

실전에서 흑A로 날일자
한 수로는 흑❶로 한
칸 뛴 후 ❸으로 씌우
는 것이 흑으로선 무난
한 정석 선택이었다. 백
④, 흑❺까지의 진행이
면 백△ 한 점의 움직임
을 제압할 수 있다.

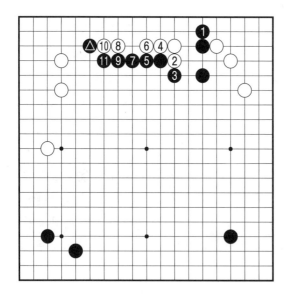

그림6(안성맞춤)

흑❶로 내려섰을 때 백
이 곧장 ②, ④ 이하로
움직이는 것은 찬성할
수 없다. 백⑧ 때 흑❾,
⓫이 두터운 봉쇄 수단
으로 흑△ 한 점이 안
성맞춤의 자리에 놓여
있음을 알 수 있다.

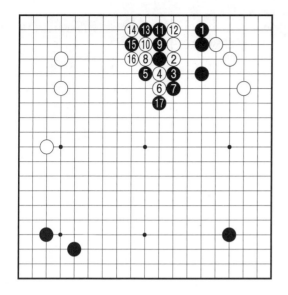

그림7(축 불리)

흑❶ 때 백②, ④로 나와 끊는 수도 고려할 수 있지만 이 경우 축이 불리하므로 성립하지 않는다. 축이란 이하 백⑭까지 진행되었을 때 흑⓯, ⓱의 수단을 말한다.

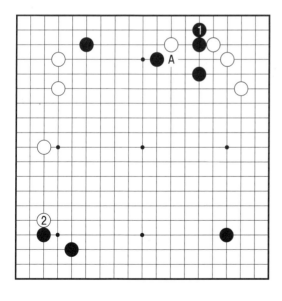

그림8(축머리 활용)

결국 흑❶에는 직접 움직일 수 없다는 결론인데, 백으로선 ②로 붙여 축머리를 활용하는 작전이 바람직하다. 이후 백A로 나와 끊는 홍정을 둘러싼 공방이 관건인데, 서로 둘 만하다.

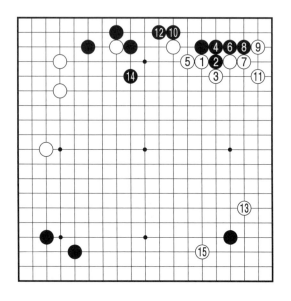

그림9(실전 진행
이후)

[그림 1] 이후의 실전 진행이다. 백①로 붙이자 흑은 ❷로 끼우고 이하 ❽까지 귀에서 안정했는데, 백⑨ 때 흑❿이 대완착이다. 백⑪이 침착한 호착으로 흑❷를 기다려 백⑬으로 걸쳐서는 백이 한 발 앞서는 바둑이다.

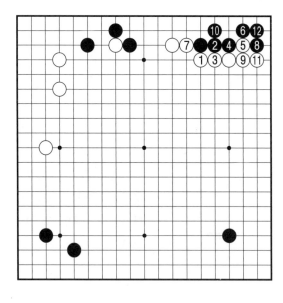

그림10(흑, 소극적)

백① 때 흑이 앞 그림처럼 끼워서 수습하지 않고 ❷, ❹ 이하로 안정하는 것은 소극적인 수단이다. 흑❷까지 백이 두터워서 흑의 실패이다.

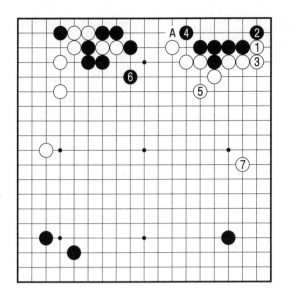

그림11(흑의 최선)

백① 때 흑A에 붙인 수로는 단순하게 ❷로 받고 백③ 때 흑❹로 마늘모하는 것이 최선이었다. 그러나 이 결과 역시 상변 흑의 두터움이 큰 위력을 발휘할 수 없는 모습이므로 백이 활발하다.

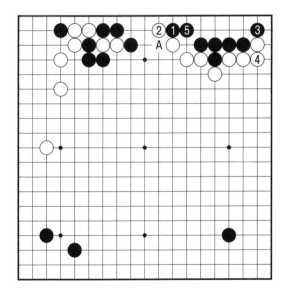

그림12(흑의 의도)

흑❶로 붙인 의도는 백②로 받아 달라는 것이다. 백②면 그때 흑❸으로 젖힌 후 ❺에 잇겠다는 뜻. 이 진행은 장차 흑A의 끊음을 노릴 수 있는데, 이 진행 역시 흑으로선 별 무신통이다.

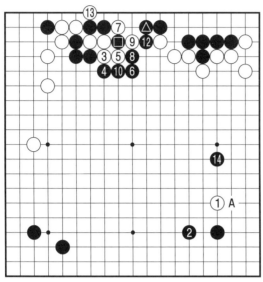

⑪ … ■

그림13(흑의 반발)

흑▲ 때 실전에서 백이
A로 걸쳐 축머리를 활
용했는데, 고심 끝에
결정한 한 수였다. 얼
핏 백①이 유력해 보이
지만 흑은 곧장 ❷로
받을 가능성이 높다.
백③ 이하의 움직임에
는 흑❹ 이하 ⑫까지
사석 처리하는 수단을
준비하고 있다. 선수를
취해 흑⑭로 공격하면
어지러운 국면이다.

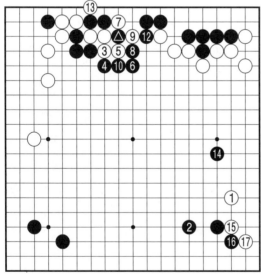

⑪ … ▲

그림14(차이점)

백① 때도 흑은 ❷로 받
고 버틸 수 있다. 백③
이하 흑⑭까지는 앞 그
림과 동일한 수순. 그러
나 이 진행은 앞 그림과
달리 백 한 점의 수습이
용이하다는 것이 차이점
이다. 백⑮, ⑰로 백은
쉽게 안정할 수 있는 모
습이다.

제3장 프로의 실전포석
제3장 프로의 실전포석
제3장 프로의 실전포석
제3장 프로의 실전포석
제3장 프로의 실전포석
제3장 프로의 실전포석

제3장 프로의 실전포석 제3장
제3장 프로의 실전포석 제3장
제3장 프로의 실전포석 제3장
제3장 프로의 실전포석 제3장
제3장 프로의 실전포석 제3장
제3장 프로의 실전포석 제3장

프로의 실전포석 3

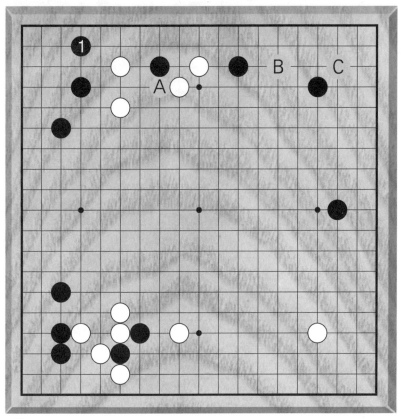

 둘 차례

제7기 비씨카드배 준결승전에서 김수장 9단(흑)과 김희중 8단의
실전에서 등장한 형태이다. 흑이 ❶로 한 칸 뛰어 귀를 지킨 장면인
데, 백의 다음 한 수가 작전의 기로이다. 예상되는 백의 착점은
A·B·C 등을 생각할 수 있는데, 이후의 변화는?

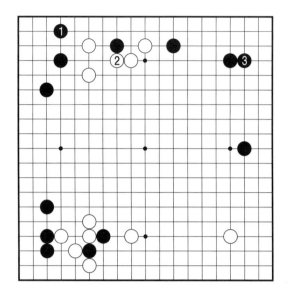

그림1(흑, 활발)

흑❶ 때 백②로 받는
것은 가장 온건책이다.
그러나 흑이 ❸으로 철
주를 내려 귀를 지키면
백이 실리에서 크게 뒤
지는 포석 형태가 되는
만큼 아무래도 싱거운
결말이다.

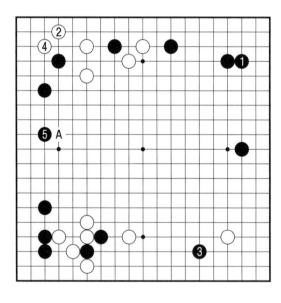

그림2(흑의 선택)

장면도에서 흑이 좌상
귀를 지킨 수로는 흑❶
에 두어 우상귀를 지키
는 수도 유력했다. 계
속해서 백이 ②로 날일
자한다면 흑❸으로 손
을 돌리는 것이 좋은
작전. 백④에는 흑❺
또는 A에 두어 흑의
능동적인 포석이다.

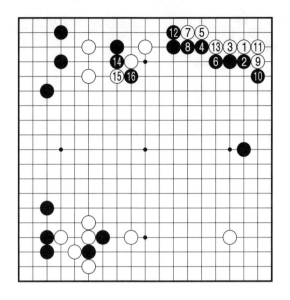

그림3 (실전 진행)

실전에서 백이 선택한 수는 백①로 3·三에 들어가는 것이었다. 계속해서 흑❷로 막고 이하 백⑬까지 귀의 접전이 일단락됐는데 흑 ❶, ❶으로 끊는 수가 통렬해서는 백의 고전이 예상된다.

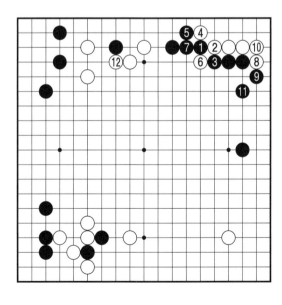

그림4 (변화)

흑❶로 날일자했을 때 백이 평범하게 처리한다면 ②로 치받고 ④에 젖히는 것이다. 이하 흑❶까지 상용의 정석 수순을 거친 후 백⑫로 막는 것까지가 예상되는 진행이다.

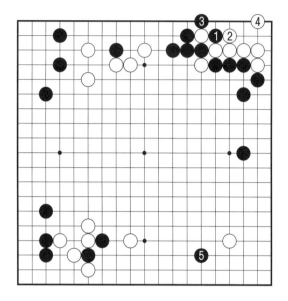

그림5 (흑, 두터움)

그러나 우상귀의 형태
는 흑이 ❶, ❸으로
끊어 잡는 것이 두터운
선수 활용이 된다. 백
④로 보강하는 것을 기
다려 흑❺로 걸치면 이
결과는 흑의 성공적인
포석이다.

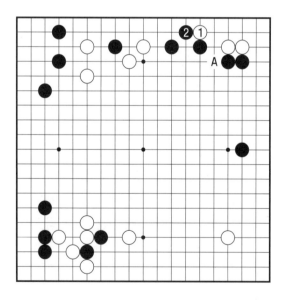

그림6 (정수)

결국 앞 그림과 같은
진행을 피해 [그림3]의
실전 진행에서 백이 ①
로 붙인 것이다. 백①
의 붙임에 대해 흑A에
느는 것은 정수인데,
흑A에 늘지 않고 ❷로
받는 것은 좋지 않은
수이다.

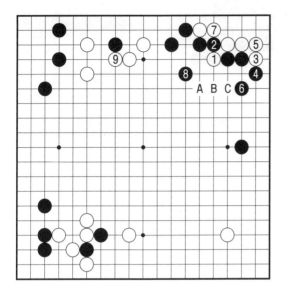

그림7(백의 노림)

앞 그림 이후 백①로 젖
히는 것이 흑의 실수를
추궁하는 호착이다. 흑
❷에는 백③, ⑤로 젖
혀 이은 후 이하 ⑨까지
처리해서 백이 유리하
다. 우상귀는 장차 백이
A · B · C 등으로 선수
활용하는 뒷맛이 남는
만큼 엷은 모습이다.

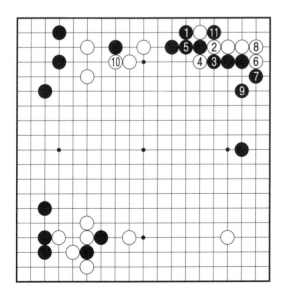

그림8(환원)

흑❶로 젖혔을 때 평범
하게 ②로 치받은 후
이하 백⑩까지 처리하
는 것은 책략이 부족한
수이다. 흑⑪로 단수쳐
서 백 한 점을 따내면
[그림5]의 형태로 환원
한다.

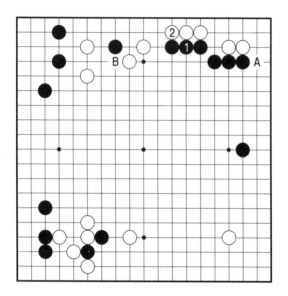

그림9(백의 정수)

[그림3]의 실전 진행에서 흑❶로 이었을 때 백이 A로 젖혀 이었는데, 이 수로는 ②로 넘는 것이 정수였다. 2선이지만 백으로선 이렇게 넘어두어야 흑B로 나와서 끊는 약점을 완화시킬 수 있었다.

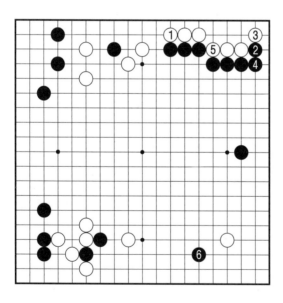

그림10(이후 변화)

백①이면 흑은 ❷, ❹로 젖혀 잇는 것이 두터운 선수 활용이 된다. 백⑤로 단점을 보강할 수밖에 없을 때 흑❻으로 걸치면 흑이 두기 편한 바둑이다.

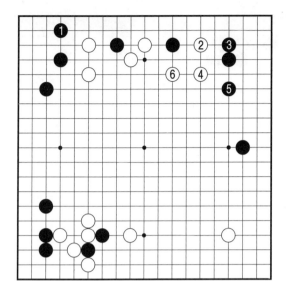

그림11(유력한 침입)

흑❶ 때 실전에서 백은
3·三에 침입했는데,
이 수로는 ②로 침입하
는 것이 유력했다. 계속
해서 흑이 ❸으로 쌍점
을 서서 귀를 지킨다면
백④로 한 칸 뛴 후 백
⑥으로 씌워 백이 유리
하다.

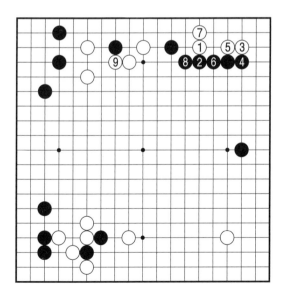

그림11(유력한 침입)

백①의 침입이면 흑❷
로 붙이는 것이 일감으
로 떠오른 수. 그러나
백③으로 3·三에 침
입한 후 이하 백⑨까지
처리하면 백이 양쪽을
모두 둔 결과이다.

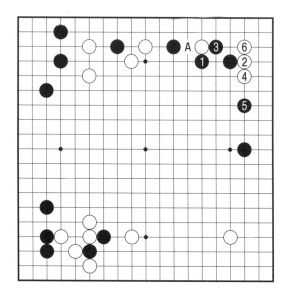

그림13(백, 충분)

흑❶의 붙임에는 백②
로 붙이는 수도 유력하
다. 계속해서 흑❸으로
호구친다면 백④로 뻗
은 후 ⑥까지 처리해서
백으로선 충분한 결과
이다. 흑의 형태에는
여전히 백A로 움직이
는 수단이 남아 있다.

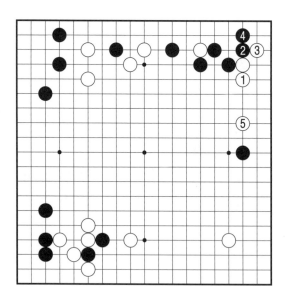

그림14(대동소이)

앞 그림의 수순 중 백
①때 흑이 ❷로 젖힌
다면 백③이 기분 좋은
선수 활용이 된다. 흑
❹로 받는 것을 기다려
백⑤로 두 칸 벌리면
이 역시 앞 그림과 대
동소이한 결말이다.

제3장 프로의 실전포석 제3장
제3장 프로의 실전포석 제3장
제3장 프로의 실전포석 제3장
제3장 프로의 실전포석 제3장
제3장 프로의 실전포석 제3장
제3장 프로의 실전포석 제3장
제3장 프로의 실전포석 제3장

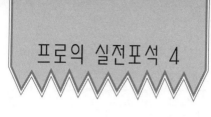

프로의 실전포석 4

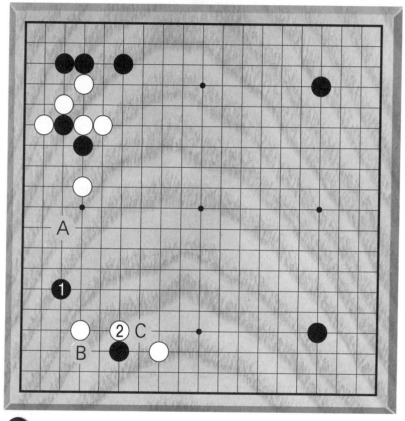

● 둘 차례

제22기 일본 천원전 도전 5번기 제3국에서 류시훈 천원(흑)과 린
하이펑 9단의 실전에서 등장한 형태이다. 흑❶의 양걸침은 좌상귀
쪽 백의 두터움을 의식한 수인데, 백②로 막은 이후 흑의 다음 한
수가 작전의 기로이다. 예상되는 흑의 착점은 A·B·C 등을 생각
할 수 있는데, 이후의 변화는?

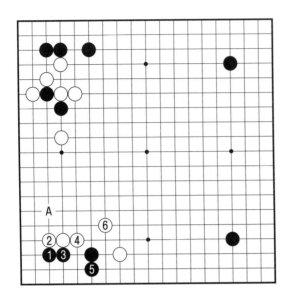

그림1(백의 대모양)

장면도에서 흑이 A로
양걸침한 것은 위쪽 백
세력을 견제한 것이라
고 했는데, 평범하게
흑❶로 3·三 침입하면
백은 ②로 막게 된다.
이하 백⑥까지가 기본
정석인데, 좌변 백 세력
이 돋보이는 모습이다.

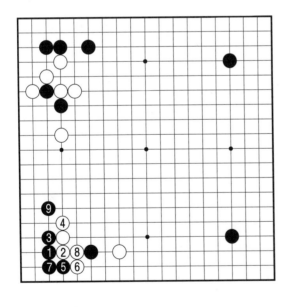

그림2(흑, 충분)

흑❶ 때 백이 앞 그림
처럼 막지 않고 ②로
막는 것은 의문이다.
흑❾까지가 기본 정석
인데, 이 결과는 가치
가 큰 좌변에 흑이 머
리를 내민 모습이다.

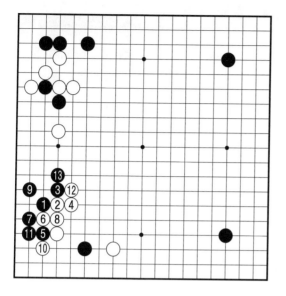

그림3 (방향 착오)

흑❶로 양걸침했을 때 장면도에서 백이 오른쪽에 붙인 것은 올바른 방향이다. 흑❶ 때 백②의 붙임은 아마추어적인 발상으로 흑❸으로 젖힌 후 ❺에 붙이는 것이 좋은 수순이다. 앞 그림과 대동소이한 결말이다.

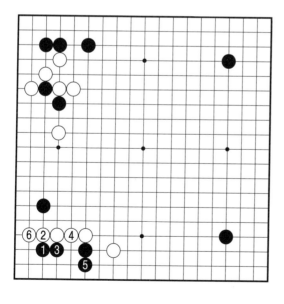

그림4 (흑, 불만)

장면도로 돌아가서 흑❶로 3·三에 들어가는 것은 흑으로선 최악의 선택이다. 백은 ②로 막는 것이 올바른 방향이다. 이하 ⑥까지 귀의 흑돌과 좌변 흑 한 점을 동시에 공격할 수 있는 만큼 흑이 좋지 않다.

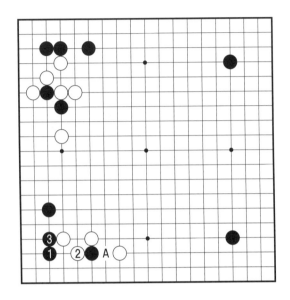

그림5(흑, 만족)

흑❶ 때 간명하게 두겠다는 뜻으로 백②로 호구치는 것은 좋지 않다. 흑❸으로 연결하고 나면 가치가 큰 좌변을 흑이 차지했을 뿐 아니라, 백 모양엔 아직도 흑A로 움직이는 성가신 뒷맛이 남는다.

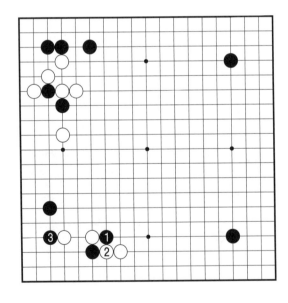

그림6(일책)

흑은 ❶로 젖힌 후 백② 때 ❸으로 붙이는 것이 장면도의 형태에서 흑이 취할 수 있는 좋은 작전이다. 계속해서…

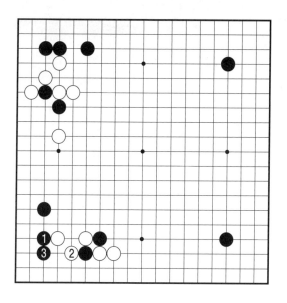

그림7(흑의 의도)

흑❶로 붙인 것은 백②
에 받아 달라는 주문을
내포한 수이다. 백②면
흑❸으로 내려서 깔끔
하게 안정할 수 있는
만큼 흑이 유리한 결말
이다.

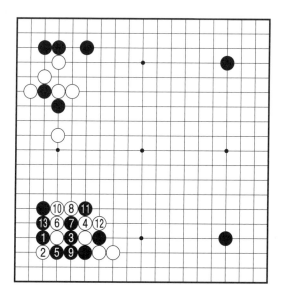

그림8(기세의 한 수)

흑❶에는 기세상 백②로
젖히는 한 수이다. 백②
면 흑❸으로 단수치고
이하 흑⓭까지는 피차
필연적인 수순이다.

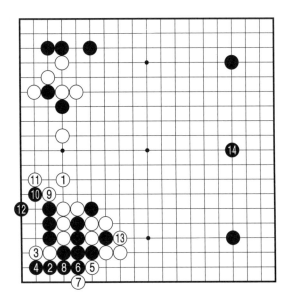

그림9 (흑, 충분)

앞 그림에 계속해서 백은 ①로 한 칸 뛰는 것이 형태상의 틀인데, 흑으로선 실리를 차지할 수 있다. 백은 ⑬으로 따내 매우 두터운 모습이지만 백 세력이 한쪽으로 치우쳤다는 것이 약간 불만이다. 흑⑭로 전개해서 흑이 발빠른 포석이다.

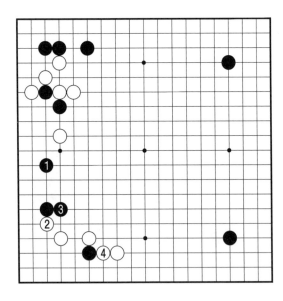

그림10 (실전 진행)

실전에서 흑은 평범하게 ❶로 두 칸 벌렸는데, 다분히 위쪽의 백 세력을 의식한 착점이다. 계속해서 백은 ②로 붙여 세우고 ④로 귀를 제압했는데, 귀의 실리가 알뜰한 모습이다.

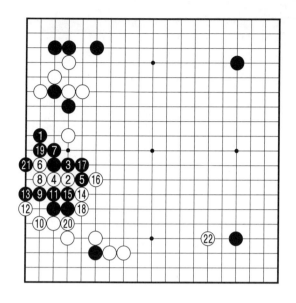

그림11(이후 진행)

앞 그림 이후 흑은 **❶**
로 날일자했는데, 이
수는 생략할 수 없는
요점이다. 이 결과는
백의 사석전법이 성공
을 거둔 모습이다. 백
㉒로 걸치게 되면 백의
성공적인 포석이다.

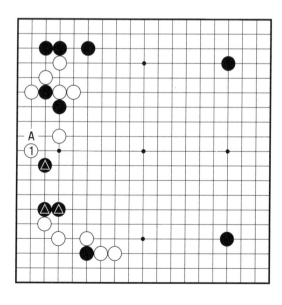

그림12(근거의 요처)

앞 그림의 실전 진행에
서 흑이 A로 날일자한
것은 근거의 급소로 절
대 점이다. 흑이 손을
빼면 백은 곧장 **①**로
날일자하게 된다. 이렇
게 흑▲ 석 점이 공격
받게 되어서는 흑이 좋
지 않음은 물론이다.

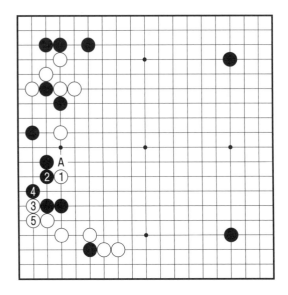

그림13(선수 활용)

[그림11]의 실전진행 중 백①로 활용하고자 했을 때 흑A로 반발한 것은 기세상 그렇게 두고 싶은 곳이다. 백① 때 평범하게 흑❷로 받는 것은 백③, ⑤로 젖혀 잇는 것이 호점이 된다. 다만 백③, ⑤로는 손을 빼거나 A에 누르는 수도 가능하다.

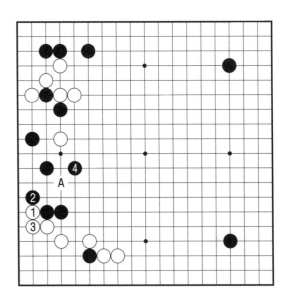

그림14(차이점)

백이 앞 그림처럼 활용하지 않고 곧장 ①, ③으로 젖혀 잇는다면 흑은 ❹로 한 칸 뛰어 형태를 갖추게 된다. 이후 백이 A에 들여다보는 수는 큰 의미가 없다.

프로의 실전포석 5

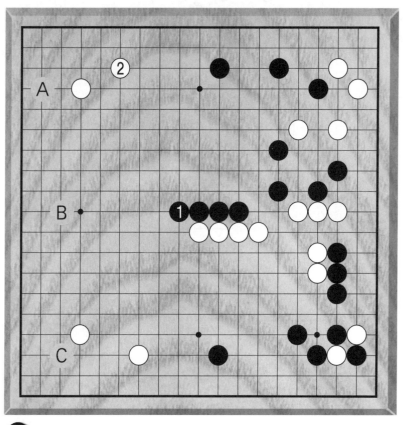

⬤ 둘 차례

흑❶로 중앙으로 머리를 내밀자 백②로 날일자해서 귀를 지킨 장면
이다. 계속해서 흑은 다음 한 수가 작전의 기로인데, 예상되는 흑의
착점은 A·B·C 등이다. 이 경우 흑은 어떻게 두는 것이 최선일
까?

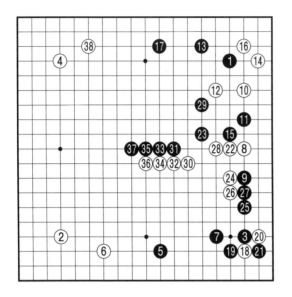

그림1(경과도)

장면도가 이루어지기까
지의 경과이다. 제36기
011 디지털배 최고위
전 도전 5번기 제5국,
조훈현 9단(흑)과 이창
호 9단의 대국에서 등
장한 형태이다.

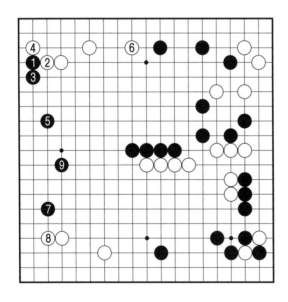

그림2(최선의 작전)

흑❶로 백의 응수를 엿
보는 것이 흑으로선 최
선의 작전이었다. 흑❶
이면 백은 ②로 치받은
후 ④에 막아 귀를 지
키는 정도인데, 이하
흑❾까지 좌변에 이상
적인 형태를 구축할 수
있다.

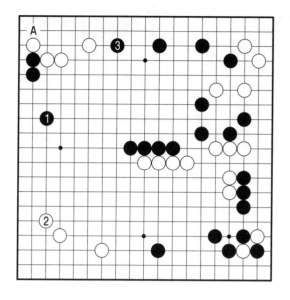

그림3 (귀의 뒷맛)

흑❶로 전개했을 때 백
이 앞 그림처럼 두지
않고 ②로 마늘모해서
귀를 지키는 것은 찬성
할 수 없다. 백②라면
흑❸의 다가섬이 절호
점. 이후 흑은 A의 붙
임이 유력한 노림으로
남을 뿐 아니라, 흑❸
으로 인해 상변에서 중
앙에 이르는 흑 세력이
활기를 띠는 모습이다.

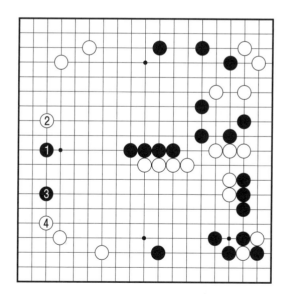

그림4 (백, 만족)

장면도에서 흑은 ❶로
갈라치는 수도 생각할
수 있다. 그러나 이것
은 백이 ②로 다가선
후 흑❸ 때 백④로 지
키는 자세가 이상적이
라 흑이 좋지 않다.

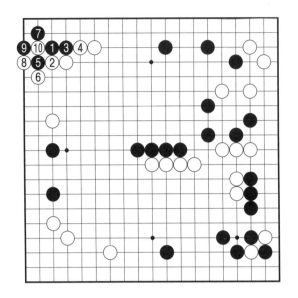

그림5 (패맛)

앞 그림 이후 좌상귀는 흑❶로 침입하면 이하 백⑩까지 패가 된다. 그러나 흑은 마땅한 팻 감이 없는 만큼 좋은 결과를 기대할 수 없다.

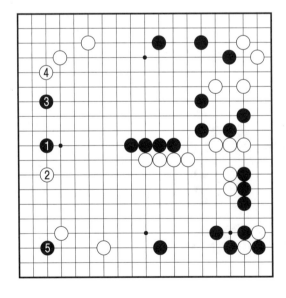

그림6 (방향 착오)

흑❶로 갈라쳤을 때 백이 [그림4]처럼 다가서지 않고 ②로 다가서는 것은 방향 착오이다. 계속해서 흑❸으로 두 칸 벌리고 백④로 받는 정도인데, 흑❺가 통렬한 침입수가 되기 때문이다.

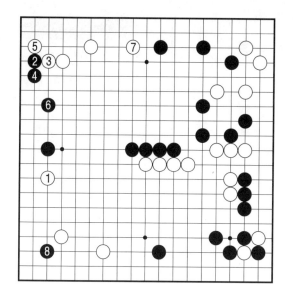

그림7(능률적인 처리)

앞 그림의 수순 중 백이 ①로 다가섰을 때 흑은 ❷로 저공비행해서 능률적으로 처리하는 방법도 가능하다. 이하 백⑦까지가 예상되는 진행인데, 선수를 취해 흑❽로 침입하면 앞 그림과 대동소이한 결과이다.

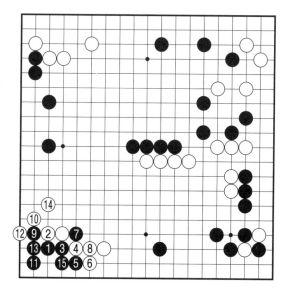

그림8(차이점)

이 결과는 흑으로선 [그림5]와 달리 패도 되지 않고 깔끔하게 완생할 수 있다는 점이 큰 차이점이다. 반면에 백 모양은 중복의 형태.

197

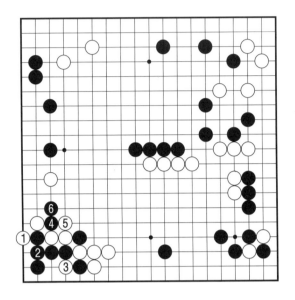

그림9 (백, 곤란)

백이 앞 그림의 진행을
피해 백①, 흑❷ 때 백
③으로 단수쳐서 흑 한
점을 잡는 것은 대악수
이다. 흑❹, ❻이면 백
으로선 큰 손해를 자초
한 모습이다.

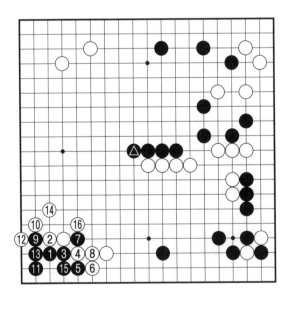

그림10 (실전 진행)

실전에서 흑은 곧장 좌
상귀 3·三에 침입했는
데, 초반 국면을 어렵게
만든 원인이었다. 흑은
이하 백⑯까지 선수로
실리를 차지할 수 있고,
상대방에게 허용한 세
력은 흑▲가 적절히 견
제하고 있다고 생각한
것인데, 중대한 작전상
의 착오가 있었다.

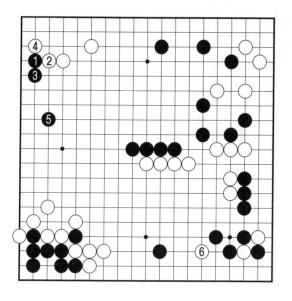

그림11(통렬한 침입)

앞 그림 이후 흑은 ❶로 저공비행해서 이하 흑❺까지 좌변에 터를 잡았는데, 백⑥이 흑으로선 예상하지 못한 통렬한 침입이었다. 좌하귀에 막강한 백 세력이 대기하고 있는 만큼 흑은 응수가 쉽지 않은 모습이다.

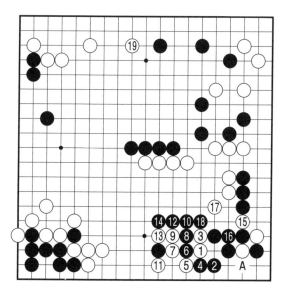

그림12(백, 성공)

백①로 침입하자 실전에서 흑은 ❷로 마늘모했는데 백A의 움직임을 막는 절대의 한 수이다. 그러나 백③으로 올라선 후 이하 흑⓲까지 교묘하게 선수로 이득을 취해서는 백이 유리한 결말이다.

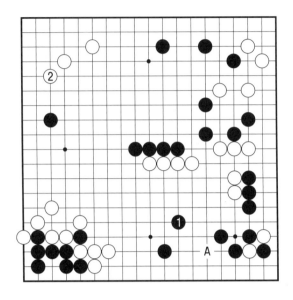

그림13(백, 충분)

백 A의 침입을 피해 흑❶로 날일자하면 앞 그림과 같은 진행을 피할 수 있다. 그러나 백②로 마늘모해서 좌상귀를 지키고 나면 흑이 대세에 뒤지는 것은 어쩔 수 없다.

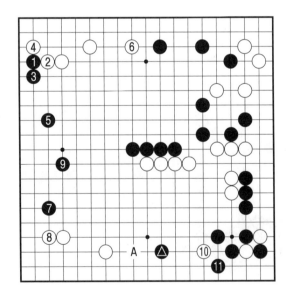

그림14(차이점)

흑이 실전처럼 좌하귀 3·三에 들어가지 않고 ❶로 저공비행한 후 이하 ❾까지 터를 잡는다면 백이 ⑩으로 침입하더라도 흑에겐 큰 위협이 되지 않는다. 흑▲ 한 점은 언제든 A로 벌리면 쉽게 형태를 갖출 수 있는 모습이다.

석 제3장 프로의 실전포석
석 제3장 프로의 실전포석
석 제3장 프로의 실전포석
석 제3장 프로의 실전포석
석 제3장 프로의 실전포석
석 제3장 프로의 실전포석

제3장 프로의 실전포석 제3장
제3장 프로의 실전포석 제3장
제3장 프로의 실전포석 제3장
제3장 프로의 실전포석 제3장
제3장 프로의 실전포석 제3장
제3장 프로의 실전포석 제3장

프로의 실전포석 6

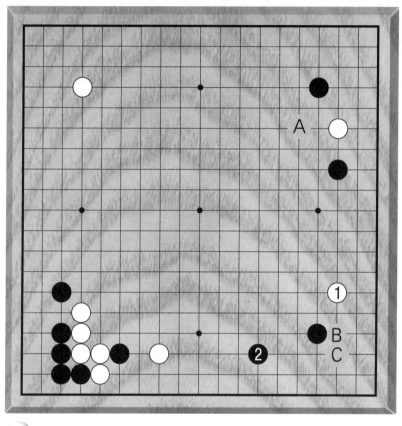

 둘 차례

백이 협공당한 우상귀 백 한 점을 방치한 채 ①로 걸치자 흑❷로
눈목자한 장면이다. 백으로선 다음 한 수가 초반 작전의 기로인데,
예상할 수 있는 착점은 A·B·C 등이다. 그렇다면 이 경우 백은
어떤 작전이 가장 유력한지 알아보기로 한다.

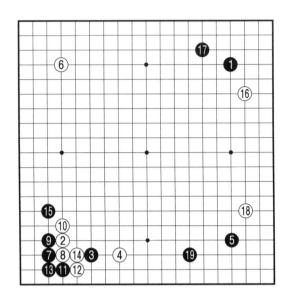

그림1(경과도)

장면도가 이루어지기까
지의 경과이다. 제4기
한국 이동통신배 도전
1국, 이창호 9단(흑)과
조훈현 9단의 대국에서
등장한 형태이다.

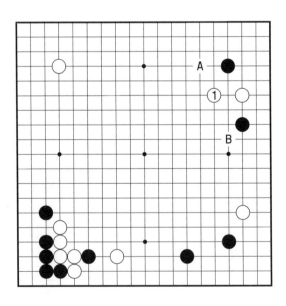

그림2(최선의 작전)

백①로 한 칸 뛰어 A
와 B를 맞보기로 하는
것이 백으로선 최선의
작전이었다.

202

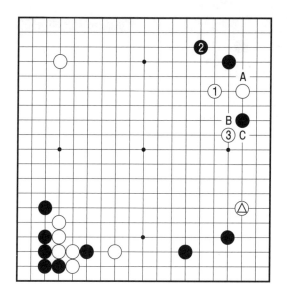

그림3(선택의 기로)

백①로 한 칸 뛰면 흑은 ❷로 날일자해서 귀를 받는 정도인데, 백③으로 씌우는 것이 백△ 한 점과 연관해서 좋은 수가 된다. 이후 흑은 A로 붙여 귀의 실리를 차지할 것인지 아니면 B에 나와 끊을 것인지 또는 C로 밀어 변에서 안정할 것인지 선택의 기로이다.

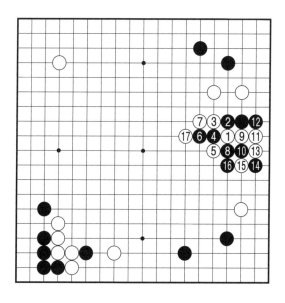

그림4(무리한 절단)

백① 때 흑❷, ❹로 나와 끊는 변화이다. 그러면 백은 ③, ⑤로 단수친 후 ⑦로 밀어 올리는 것이 수순이다. 이 형태는 축의 성립 여부가 관건으로 떠오르는데, 백⑰에 이르러 흑두 점이 축으로 잡히게 된다. 따라서 흑❷, ❹의 끊음은 무리라는 결론이다.

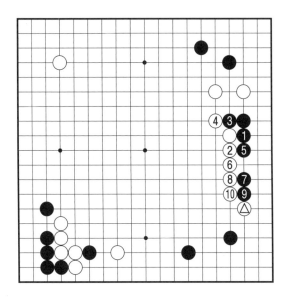

그림5 (백, 충분)

이번엔 흑❶, ❸으로 밀어 변에서 안정을 취하는 변화이다. 그러나 이 형태 역시 백⑧, ⑩으로 막는 자세가 백△와 호응해서 좋은 형태를 이루고 있는 만큼 흑이 좋지 않다.

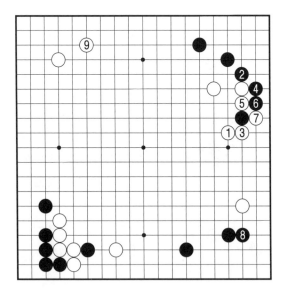

그림6 (흑의 최선)

백①에는 흑❷로 마늘모 붙여 귀의 실리를 차지하는 것이 최선의 선택이다. 계속해서 백③ 이하 ⑦까지가 기본 정석. 선수를 취한 흑은 ❽로 철주를 내리고 백⑨까지가 예상되는 진행으로 쌍방 불만 없는 갈림이다.

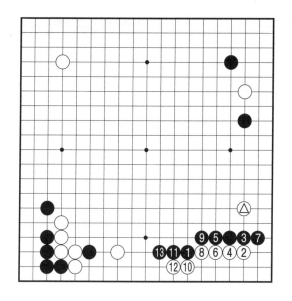

그림7(백, 불만)

흑❶로 눈목자했을 때
귀의 실리를 탐해 백②
로 3·三 침입하는 것
은 좋지 않다. 흑❸이
하 ⓭까지 보듯이 백△
한 점이 매우 약화된다.

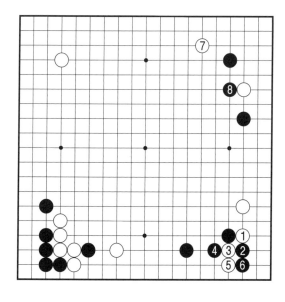

그림8(실전 진행)

백①로 붙인 후 흑❷
때 백③으로 끊는 것이
실전이다. 그러나 흑❹,
❻이 최강의 대응이라
백으로선 응수가 쉽지
않다. 고심 끝에 백⑦
로 손을 돌렸는데, 흑
❽로 막아서는 흑이 초
반 주도권을 장악한 모
습이다.

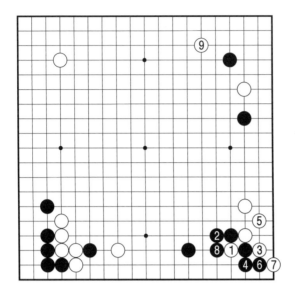

그림9(백의 의도)

백①로 끊었을 때 흑이 평범하게 응수한다면 ❷, 그러면 이하 흑❽ 까지가 기본 정석이다. 백도 선수로 형태를 갖춘 후 ⑨로 손을 돌릴 수 있으니 충분하다.

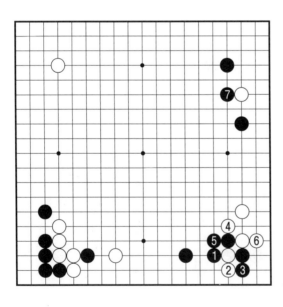

그림10(흑, 충분)

흑❶, ❸ 때 백④로 단수친 후 ⑥으로 뻗으면 백은 어느 정도 형태를 갖출 수 있는 모습이다. 그러나 흑이 발빠르게 ❼로 막으면 백이 대세에 뒤지는 것은 어쩔 수 없다.

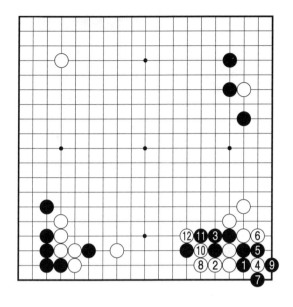

그림11(백, 충분한
싸움)

흑❶에 막았을 때 백②
로 밀고 나가는 것이
백으로선 최강의 대응
이다. 계속해서 흑이
❸으로 이을 수밖에 없
을 때 백④의 배붙임이
맥점이다. 이후 흑이
❺, ❼로 단수친다면
이하 백⑫까지 처리해
서 백도 충분히 싸울
수 있는 모습이다.

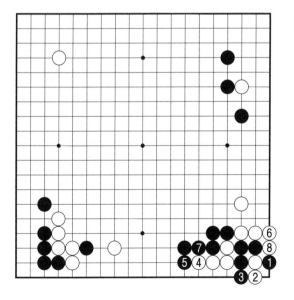

그림12(방향 착오)

흑이 앞 그림처럼 단수
치지 않고 ❶로 단수치
는 것은 방향 착오이
다. 백은 곧장 ②로 뻗
는 것이 좋은 수로 이
하 백⑧까지 귀의 흑이
잡힌 모습이다.

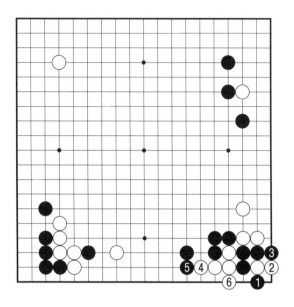

그림13(백, 안 됨)

그러나 흑❶로 단수쳤을 때 곧장 백②로 나가는 수도 안 된다. 흑❸이면 백④, ⑥으로 한 수 빠르지만, 이것은 착각. ❸으로 ④에 호구치는 수가 성립하는 것이다.

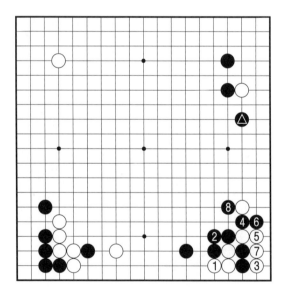

그림14(백의 고민)

[그림11]은 백도 충분히 싸울 수 있는 진행이다. 그러나 흑에겐 이하 백③까지 진행되었을 때 흑❹로 단수친 후 ❻으로 뚫는 수가 준비되어 있다. 백⑦ 때 흑❽로 호구치면 흑△와 호응한 흑 세력이 이상적이다.

석 제3장 프로의 실전포석
석 제3장 프로의 실전포석
석 제3장 프로의 실전포석
석 제3장 프로의 실전포석
석 제3장 프로의 실전포석
석 제3장 프로의 실전포석

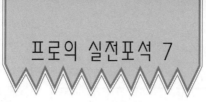

제3장 프로의 실전포석 제3장
제3장 프로의 실전포석 제3장
제3장 프로의 실전포석 제3장
제3장 프로의 실전포석 제3장
제3장 프로의 실전포석 제3장
제3장 프로의 실전포석 제3장

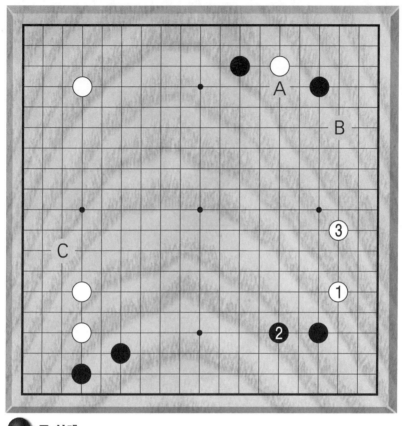

● 둘 차례

백①로 걸친 후 흑❷ 때 백③으로 두 칸 벌려 우변 흑 세력을 상하로 갈라친 장면이다. 계속해서 선수를 취한 흑이 선택할 수 있는 방법은 A에 붙이는 수와 B에 받는 수, 그리고 C에 다가서는 수 등이다. 그럼 흑이 각각의 곳에 두어 올 때의 변화와 실전 진행을 살펴보기로 한다.

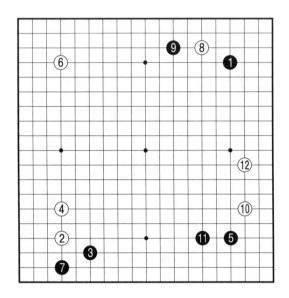

그림1(경과도)

이 바둑은 제8기 동양 증권배 세계바둑대회 준결승전에서 이창호 9 단(흑)과 고바야시 사 토루 9단간의 실전으로 백⑫까지의 진행이 장 면도가 이루어진 경과 이다.

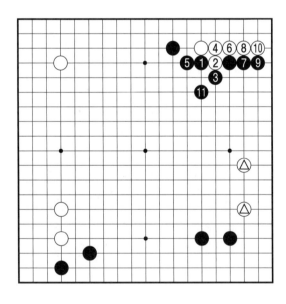

그림2(흑, 작전 실패)

먼저 흑❶로 붙이는 변 화이다. 흑❶로 붙이면 백②, ④로 끼워 잇는 것이 상용의 처리법이 다. 계속해서 흑❸으로 단수치고 이하 흑⑪까 지는 실전에 흔히 등장 하는 기본형인데, 백△ 두 점이 흑 세력을 적 절히 견제하고 있는 모 습이다.

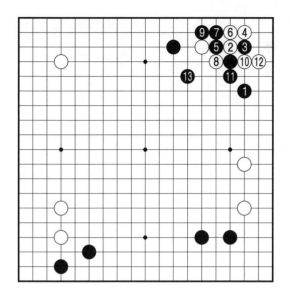

그림3(흑, 충분)

흑❶로 날일자하는 것이 흑으로선 적절한 정석 선택이다. 계속해서 백이 ②, ④로 붙여 안정을 도모한다면 이하 흑⓭까지 두텁게 형태를 갖추어 흑으로선 충분한 결말이다.

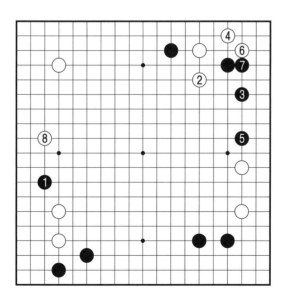

그림4(실전 진행 1)

실전에서 흑은 ❶로 다가서는 적극전법으로 맞섰는데, 백②로 한 칸 뛰는 수가 의외로 좋은 수가 되고 있다. 흑❸으로 받을 수밖에 없을 때 백④, ⑥이 기분 좋은 선수 활용으로 흑❼을 기다려 백⑧로 손을 돌려서는 백이 기분 좋은 초반 흐름이다.

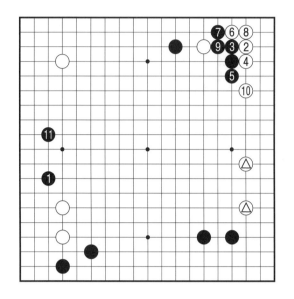

그림5(백, 실패)

흑❶ 때 백이 앞 그림
처럼 처리하지 않고 백
②로 3·三에 침입하
는 것은 생각하기 힘들
다. 선수가 흑에게 넘
어간다는 것이 백으로
선 불만이다. 백△ 두
점을 비롯한 우변 백돌
이 모두 저위에 치우친
모습이라는 것도 불만
이다.

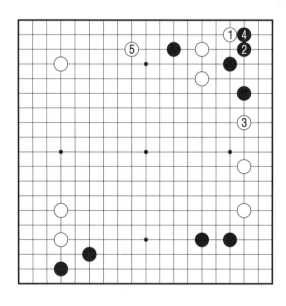

그림6(백, 성공)

[그림4]의 수순 중 백
① 때 흑이 상식적으로
둔다면 ❷로 귀를 지키
는 것이다. 그러나 이
때는 백③으로 다가서
는 것이 절호점이 된
다. 흑❹로 귀를 보강
하는 정도일 때 백⑤로
협공하면 백의 성공적
인 포석이다.

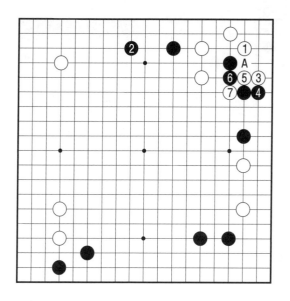

그림7(흑, 곤란)

백①로 마늘모했을 때 흑A로 막아둔 수는 정수. 언뜻 흑❷로 두 칸 벌리는 것이 발빠르게 보이지만 백③으로 날일자하면 흑 두 점의 근거가 박약해진다. 계속해서 흑❹로 막는 것은 무리수로 백⑤, ⑦로 끊겨 흑이 곤란하다.

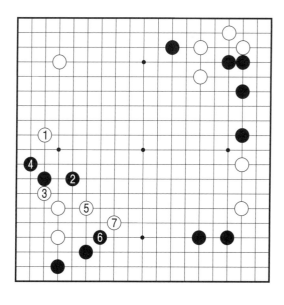

그림8(실전 진행 2)

[그림4] 이후의 실전 진행이다. 백①로 협공하고 이하 백⑤까지는 극히 상식적인 수순인데, 흑❻이 틀에 얽매인 경직된 수이다. 백⑦로 씌운 수가 흑으로선 예상하기 힘든 강수였다. 계속해서…

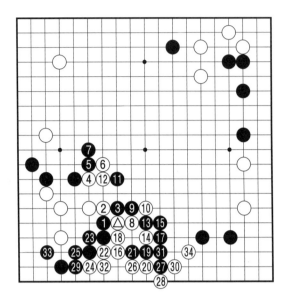

그림9(백, 대성공)

앞 그림에 계속해서 백 △의 씌움에는 기세상 ❶, ❸으로 나가 끊을 곳이다. 그러나 백에겐 이하 흑㉗까지 진행되었을 때 백㉘로 젖히는 묘수를 준비해 두고 있었다. 이하 백㉞까지 처리해서는 백이 필승의 형세를 구축한 모습이다.

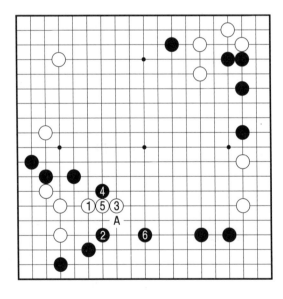

그림10(흑의 의도)

[그림8]의 수순 중 백 ①, 흑❷ 때 백이 A에 씌우지 않고 ③으로 한 칸 뛰는 것은 책략이 부족한 수이다. 흑❹를 선수한 후 ❻으로 지키면 이 결과는 흑이 유리하다.

214

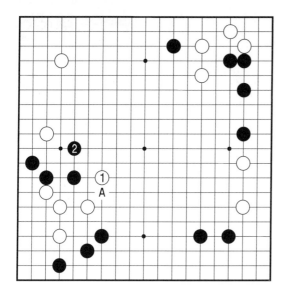

그림11 (대동소이)

백①로 모자를 씌워 좌변 흑대마를 선제 공격하는 것도 생각할 수 있지만 찬성할 수 없는 수이다. 흑은 ❷로 한 칸 뛰어 형태를 갖춘 후 장차 흑A의 건너붙임을 노리게 된다.

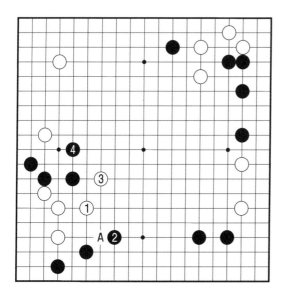

그림12 (흑의 정수)

백① 때 흑A에 마늘모한 수로는 흑❷로 날일자하는 것이 정수였다. 계속해서 백③의 공격에는 흑❹로 형태를 갖춰 전혀 불만 없는 결말이다.

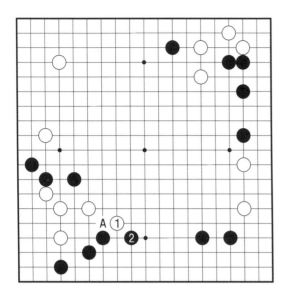

그림13(흑의 차선책)

백①로 씌웠을 때 흑A
에 나가 끊은 수로는 흑
❷로 참아두는 것이 정
수였다. 얼핏 흑A로 나
가 끊는 것이 당연한 기
세처럼 보이지만 실전
에서 백의 준비된 묘수
에 휘말려 흑은 일거에
바둑을 망치고 말았다.

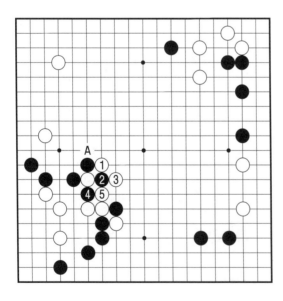

그림14(행마법)

[그림9]의 실전 진행 중
백①로 젖혔을 때 흑A
에 늘어두는 것이 정수
이다. 초급자들은 자칫
흑❷로 단수치기 십상
인데, 그러면 백③, ⑤
가 통렬한 행마법이어
서 흑이 좋지 않다.

석 제3장 프로의 실전포석
석 제3장 프로의 실전포석
석 제3장 프로의 실전포석
석 제3장 프로의 실전포석
석 제3장 프로의 실전포석
석 제3장 프로의 실전포석
석 제3장 프로의 실전포석
제3장 프로의 실전포석 제3장
제3장 프로의 실전포석 제3장
제3장 프로의 실전포석 제3장
제3장 프로의 실전포석 제3장
제3장 프로의 실전포석 제3장
제3장 프로의 실전포석 제3장
제3장 프로의 실전포석 제3장

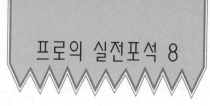

프로의 실전포석 8

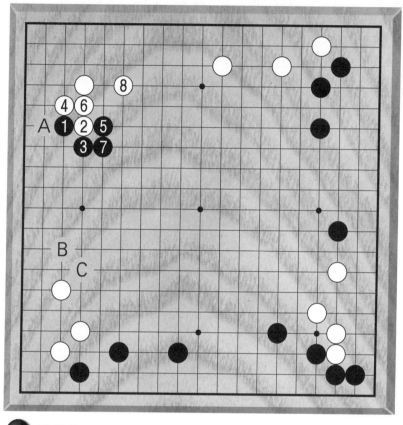

● 둘 차례

제41기 국수전 2차 예선 결승전에서 정수현 8단(흑)과 최명훈 5
단의 실전에서 등장한 형태이다. 흑❶로 걸치자 백②, ④로 붙여
막고 이하 백⑧까지 진행된 장면인데, 흑의 다음 수가 작전의 기로
이다. A·B·C 중 적절한 수는?

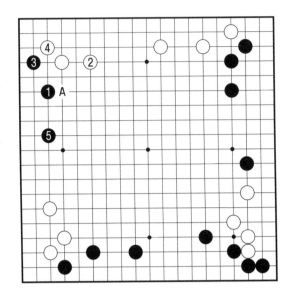

그림1 (단조롭다)

장면도의 수순 중 흑❶로 걸쳤을 때 백이 A로 붙이지 않고 평범하게 ②로 받는 것은 무미건조하다. 흑❸으로 미끄러지고 ❺에 벌려서 형태를 갖추고 나면 흑이 두기 편한 포석이다.

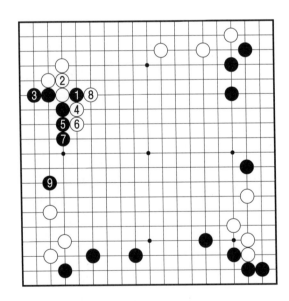

그림2 (변화)

흑❶로 단수치고 백②에 이었을 때 한때는 흑❸으로 내려서는 수가 유행이었다. 계속해서 백④로 끊고 이하 흑❾까지가 예상되는 수순으로, 이렇게 된다면 흑도 충분히 둘 수 있는 형태이다.

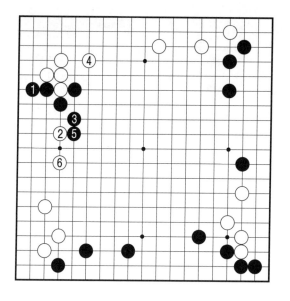

그림3(백의 반발)

그러나 흑❶로 내려서
는 수에는 백②로 협공
하는 수가 절호점이 되
어 흑으로선 좋은 결과
를 기대하기 힘들다.
흑❸, ❺는 알기 쉬운
응수법이며, 이하 백⑥
까지 백이 활발하다.

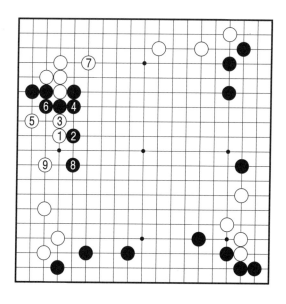

그림4(변화)

백①때 흑❷로 붙이는
변화도 가능하다. 그러
나 흑❷에는 백③으로
껴붙임에서 백⑤가 기
분 좋은 선수 활용이
된다. 흑❻으로 이을
수밖에 없을 때 백⑦로
귀를 보강하고 흑❽에
는 백⑨로 변을 지켜
백이 양쪽을 모두 처리
한 모습이다.

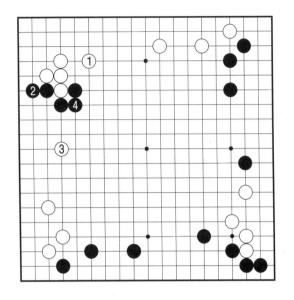

그림5(흑, 불만)

결국 흑△로 이은 것은
절대수라고 할 수 있
다. 그러나 백①로 귀
를 받았을 때 흑❷로
내려서 실리를 밝히는
것은 좋지 않다.

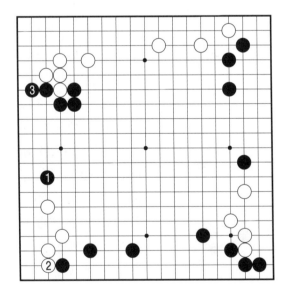

그림6(흑, 호조)

장면도 이후 실전에서
흑이 선택한 다음 착점
은 ❶로 다가서는 수였
다. 흑❶은 백②로 귀
를 보강한다면 흑❸으
로 내려서 좌변을 이상
적으로 구축하겠다는
것이다. 그러나 이것은
혼자만의 수읽기였다.

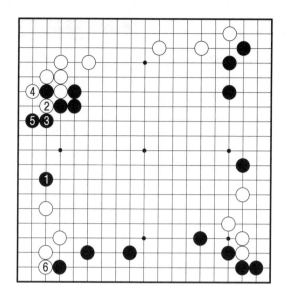

그림7(흑, 호조)

흑❶로 다가섰을 때 백
②, ④로 흑 한 점을
잡는 것은 쉽게 예상할
수 있는 변화 수단. 그
러나 이 진행 역시
흑❺ 때 백⑥이 불가피
한 만큼 백으로선 만족
스럽지 못한 결말이다.

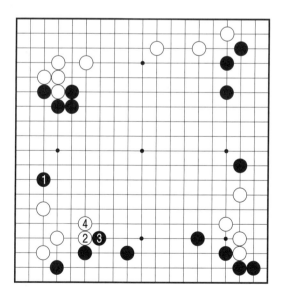

그림8(통렬한 반발)

흑❶ 때 백②, ④로
붙여 뻗은 것이 실전에
서 백이 선택한 행마법
으로 흑의 주문을 거스
르는 통렬한 반발 수단
이었다. 이런 반격 수
단이 있었기에 흑❶은
무리수로 판명됐다.

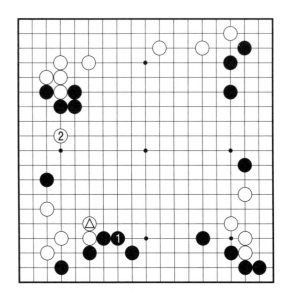

그림9(흑, 곤란)

백△로 뻗으면 부분적으로 볼 때 흑❶로 단점을 보강하는 것이 정수이다. 그러나 백이 ② 방면으로 침입했을 때 흑으로선 양곤마 형태가 되는 만큼 곤란한 모습이다.

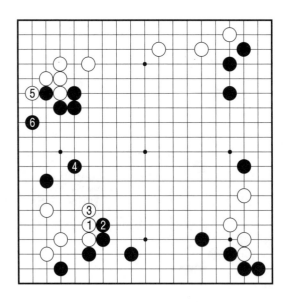

그림10(흑의 연구)

백①로 뻗자 고심 끝에 흑은 ❷로 미는 변화를 강구해 왔다. 계속해서 백이 ③으로 뻗는다면 흑❹로 지켜, 이것은 흑의 의도대로이다.

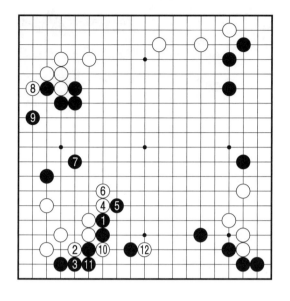

그림11(실전 진행)

그러나 백은 ②를 선수한 후 ④, ⑥으로 뻗어 또다시 흑의 의도를 거스르고 있다. 이렇게 되면 흑❼의 보강은 불가피한데 거기서 백⑧, 흑❾를 선수한 후 백⑩, ⑫로 흑의 약점을 추궁해서는 백이 국면의 주도권을 장악한 모습이다(수순 중 백⑩은 보류하는 것이 좋았다).

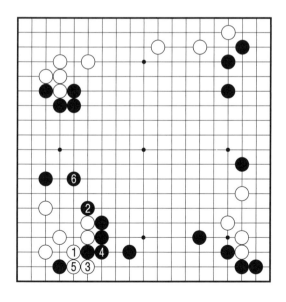

그림12(흑의 반발)

앞 그림의 수순 중 백①로 호구쳤을 때 흑은 ❷로 젖혀 중앙을 중시하는 것이 좋았다. 백③, ⑤로 귀의 실리가 크지만 이하 흑❻까지 중앙을 두텁게 정비해서 흑도 충분히 둘 수 있는 모습이다.

223

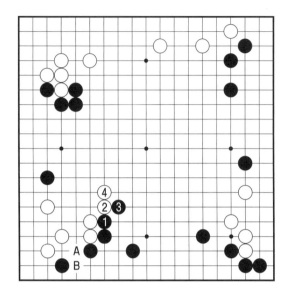

그림13(백의 정확한 수)

흑❶ 때 백으로서도 백 A, 흑B를 보류하고 백 ②, ④로 젖히고 느는 것이 정확한 수순이었다. 이렇게 두어도 [그림11]의 실전 진행과는 커다란 차이가 없다.

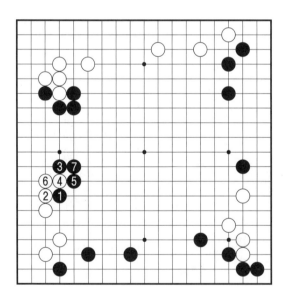

그림14(흑의 최선)

장면도로 돌아가서 흑은 ❶로 어깨짚어 행마하는 것이 최선이었다. 백②, ④에는 흑❸ 이하 ❼까지 중앙을 두텁게 정비해서 충분한 모습이다.

석 제3장 프로의 실전포석
석 제3장 프로의 실전포석
석 제3장 프로의 실전포석
석 제3장 프로의 실전포석
석 제3장 프로의 실전포석
석 제3장 프로의 실전포석

프로의 실전포석 9

제3장 프로의 실전포석 제3장
제3장 프로의 실전포석 제3장
제3장 프로의 실전포석 제3장
제3장 프로의 실전포석 제3장
제3장 프로의 실전포석 제3장
제3장 프로의 실전포석 제3장

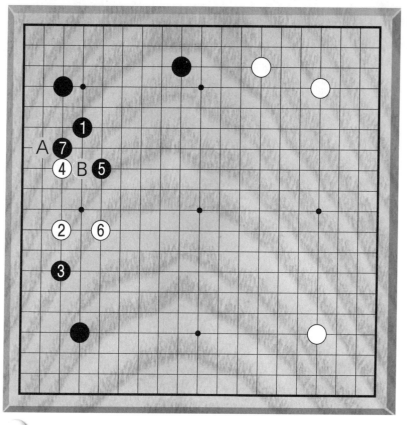

⚪ 둘 차례

흑❶로 날일자한 것은 다소 특이한 포진이다. 계속해서 백②로 우변을 갈라친 것은 당연한데, 흑❸으로 다가서고 이하 흑❼까지 진행된 장면이다. 계속해서 백의 다음 행마가 관건인데, A에 젖힐 것인지 B에 치받을 것인지 선택의 기로이다. 그럼 장면도가 이루어지기까지의 수순과 이후의 진행을 살펴보기로 한다.

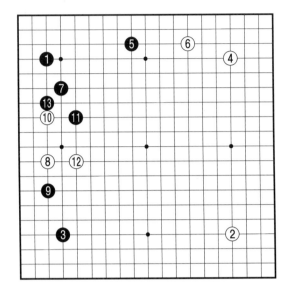

그림1(경과도)

장면도가 이루어지기까지의 경과이다. 제41기 국수전 예선전, 안달훈 2단(흑)과 최명훈 5단의 바둑이다.

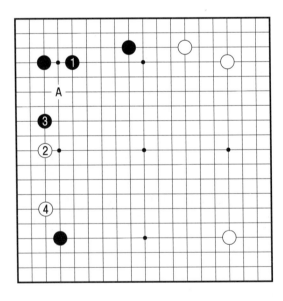

그림2(평범한 포진)

장면도에서 흑A의 곳에 날일자한 것은 특이한 포진이다. 보통의 착상이라면 흑의 한 칸으로 귀를 굳히는 것이다. 계속해서 백②로 갈라치고 흑❸, 백④까지 실전에서 흔히 등장하는 기본형이다.

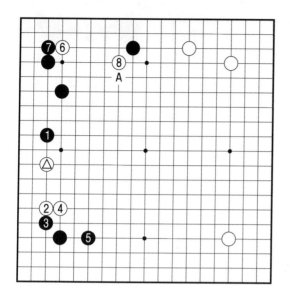

그림3(다가섬의 방향)

장면도의 수순 중 백△
로 갈라쳤을 때 흑으로
선 ❶쪽에서 다가서는
것이 무난한 방향 선택
이다. 다음 백②로 걸
치고 흑❸ 이하 백⑧까
지가 예상되는 진행인
데, 이것이면 흑백 서
로가 충분히 둘 수 있
는 포석이다. 수순 중
백⑧로는 A로 삭감하
는 수도 가능하다.

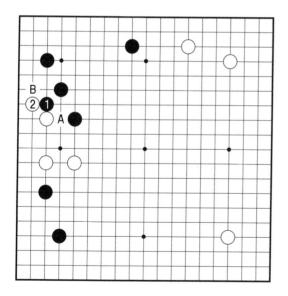

그림4(백의 정수)

장면도로 돌아가서
흑❶의 마늘모 붙임에
는 백②로 젖히는 것이
백으로선 최선의 선택
이다. 이후 예상할 수
있는 흑의 착점은 A에
호구치는 수와 B에 막
는 것이다.

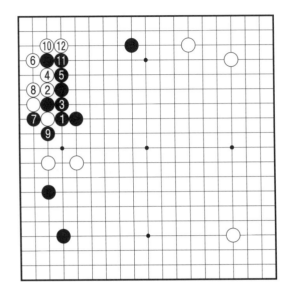

그림5(백, 충분)

먼저 흑❶로 호구치는 변화. 백②에서 ④로 치받는 것이 좋은 수순이다. 흑❼, ❾는 당연한 기세이지만 백⑫까지 귀의 실리가 커 백이 충분한 결말이다.

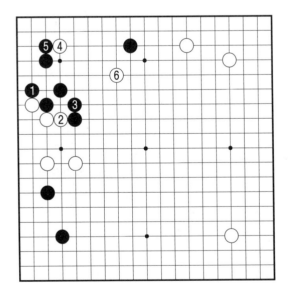

그림6(흑의 정수)

결국 흑은 ❶로 막는 한 수이다. 그러나 백②때 흑❸으로 물러서는 것은 책략이 부족한 수로 백④, ⑥까지 백이 활발한 포진이 된다.

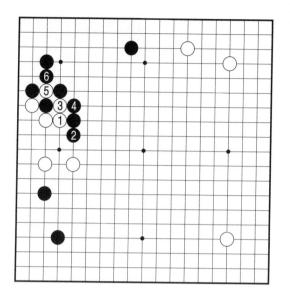

그림7 (흑의 최강)

백①에는 흑❷로 뻗는 것이 흑으로선 최강의 응수이다. 계속해서 백 ③, ⑤로 흑 한 점을 따내고, 흑❻까지 패의 형태가 되는데, 여기까지가 흑백 최선을 다한 수순이다. 이후는 패를 둘러싼 난해한 공방이 예상된다.

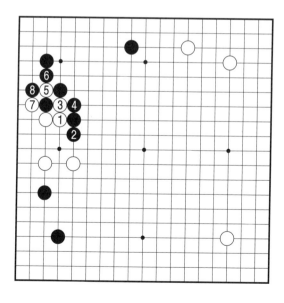

그림8 (실전 진행)

실전에선 백은 ①로 치받았는데, 이 수가 형태에 얽매인 속수였다. 그러나 흑❷로 뻗고 이하 백⑧까지 진행되어서는 앞 그림과 똑같은 결과이다.

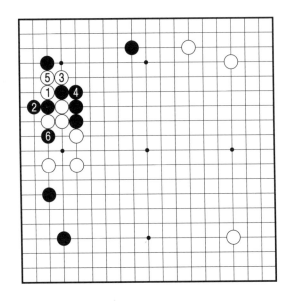

그림9(흑의 강수)

앞 그림의 수순 중 백
①로 단수쳤을 때 흑에
겐 ❷로 내려서는 강수
가 준비되어 있었다.
계속해서 백③, ⑤는
당연한 기세인데, 흑❻
으로 붙이는 수가 맥점
이다.

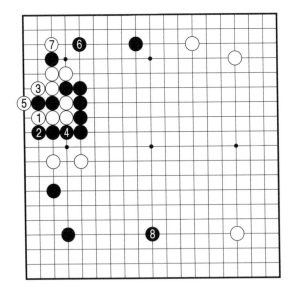

그림10(흑, 활발)

앞 그림에 계속해서 백
은 ①, ③, ⑤로 흑
두 점을 잡을 수밖에
없는데, 흑❷, ❹, ❻
이 기분 좋은 선수 활
용이 되고 있다. 백⑦
을 기다려 흑❽로 전개
해서는 흑이 단연 앞서
는 포석이다.

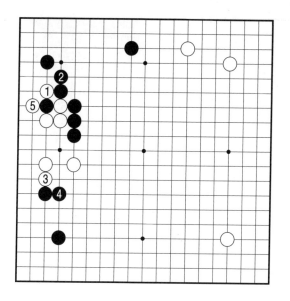

그림11 (차선책)

앞 그림의 수순을 발견
하지 못한다면 백①로
단수쳤을 때, 흑은 ❷
로 뻗는 것이 그나마
나았다. 백은 ③으로
치받은 후 백⑤에 따내
는 정도인데, 흑으로선
선수를 취해 큰 곳에
선행할 수 있는 만큼
충분한 모습이다.

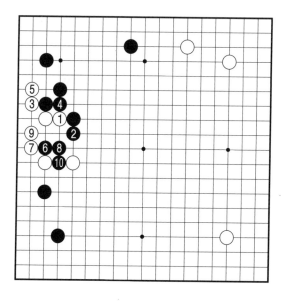

그림12 (수순 착오)

백①, 흑❷ 때 백③으
로 젖히는 것은 수순
착오이다. 흑은 ❹로
막는 것이 좋은 수순으
로 이하 흑❿까지 두터
움을 확립해서 충분한
결말이다.

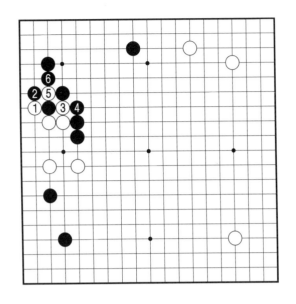

그림13(정해도로 환원)

백①로 젖혔을 때 무심코 흑❷로 막는 것은 백③ 이하 흑❻까지 보듯이 [그림7]로 환원된다.

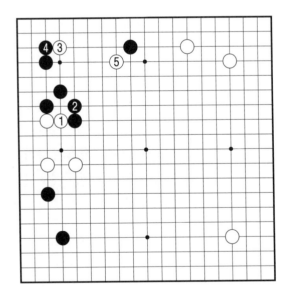

그림14(백의 생각)

실전에서 백이 ①로 치받은 것은 흑❷로 받는 정도로 본 것이다. 흑❷라면 백③, 흑❹를 선수한 후 백⑤로 손을 돌려 백도 충분히 둘 수 있는 모습이다.

제3장 프로의 실전포석   제3장 프로의 실전포석 제3장
제3장 프로의 실전포석   제3장 프로의 실전포석 제3장
제3장 프로의 실전포석   제3장 프로의 실전포석 제3장
제3장 프로의 실전포석   제3장 프로의 실전포석 제3장
제3장 프로의 실전포석   제3장 프로의 실전포석 제3장
제3장 프로의 실전포석   제3장 프로의 실전포석 제3장
제3장 프로의 실전포석   제3장 프로의 실전포석 제3장

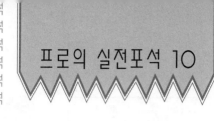

프로의 실전포석 10

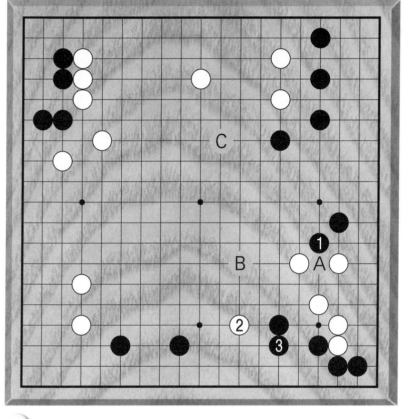

● 둘 차례

제52기 일본 본원방전 본선 리그에서 고마쓰 9단(흑)과 조선진 8
단의 실전대국 장면이다. 흑❶로 들여다보자 백이 A로 잇지 않고,
②에 두어 흑❸을 기민하게 선수 활용한 모습이다. 계속해서 백의
다음 착점이 작전의 기로인데, A·B·C 를 중심으로 변화를 검토
해 보기로 한다.

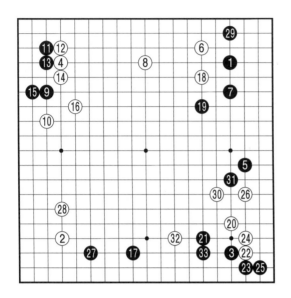

그림1(경과도)

장면도가 이루어지기까지의 경과이다. 흑의 중국식 포진에 대해 백이 2연성으로 맞선 포석 진행인데, 수순 중 하변을 흑⑰로 벌린 점이 다소 이색적이다. 흑⑰로는 한 칸 덜 벌리는 것이 보통.

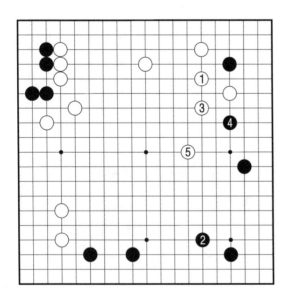

그림2(대세력 작전)

앞 그림의 수순 중 백①때 흑❷로 우하귀를 굳히는 것은 평범한 수이다. 그러나 이것은 백③으로 뛰어 상변을 키우는 수가 워낙 절호점이 된다. 흑❹가 불가피할 때 백⑤로 눈목자하면 상변 일대의 백 모양의 골이 깊어지므로 백의 대세력 작전이 돋보인다.

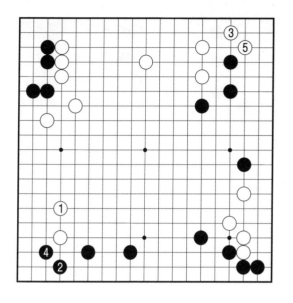

그림3 (계산 착오)

경과도에서 백①로 한 칸 뛰어 좌하귀를 받았을 때 흑이 우상귀를 지킨 것은 올바른 방향 선택이다. 언뜻 흑❷와 비교해서 맞보기의 곳이라 큰 차이가 없을 것 같지만 그것은 큰 계산 착오이다.

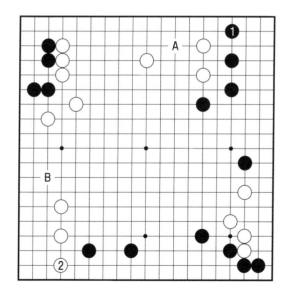

그림4 (차이점)

흑❶이 백②보다 더욱 가치가 있다는 것은 이후 작전을 펼치는 데 있어 큰 차이점이 있기 때문이다. 흑❶로 인해 우상귀에서 우변 일대가 완전한 흑집으로 굳어졌을 뿐 아니라 흑A의 침입이 남는다. 반면 좌하귀는 B의 급소가 남아 있다.

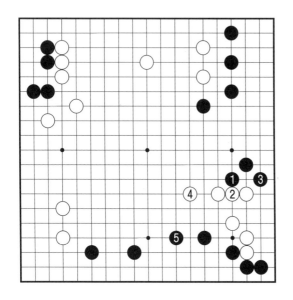

그림5(흑의 의도)

흑❶로 들여다보았을 때 단순하게 백②로 잇는 것은 흑의 의도에 말려든 격이다. 흑❸의 마늘모가 백의 근거를 빼앗는 공격의 급소. 계속해서 백이 ④ 때 흑❺로 지키면 양쪽을 모두 둔 모습이다.

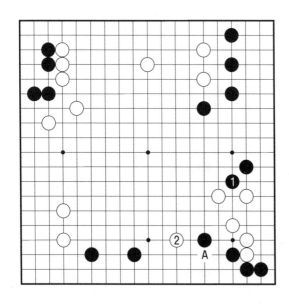

그림6(기민한 수단)

결국 흑❶ 때 직접 잇지 않고 백②로 흑의 응수를 물은 것이 기민한 수단임을 알 수 있다. 실전에서 흑은 뾰족한 반발 수단이 없다고 보고 A에 보강했는데, 이 수가 침착한 응수. 만일 보강을 게을리 하면…

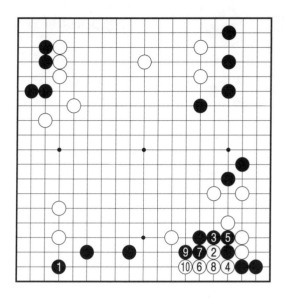

그림7(통렬한 건너붙임)

백에겐 ②로 건너붙이
는 통렬한 수단이 준비
되어 있다. 흑❸의 저
항에는 백④에서 ⑥으
로 호구치는 것이 좋은
수순으로 이하 백⑩까
지 귀의 흑이 잡힌다.

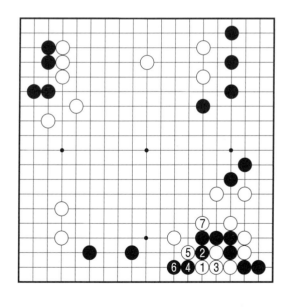

그림8(흑, 곤란)

백① 때 흑❷로 단수친
후 ❹에 막는 강수가
성립하는 것처럼 보이
지만 백⑤, ⑦로 강하
게 맞받아치면 역시 흑
이 곤란하다.

237

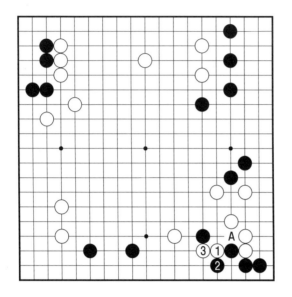

그림9(대동소이)

백①에는 흑❷로 받는 정도. 그러나 백③으로 뚫리면 흑이 불리함은 명백하다. 흑은 A가 선수로 듣는 만큼 달리 반발할 수 없는 모습이다.

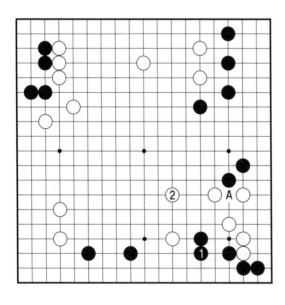

그림10(경쾌한 작전)

장면도로 돌아가서 흑❶로 지켰을 때 백은 ②로 두 칸 뛰는 것이 경쾌한 행마이다. 언뜻 A의 단점이 염려스럽지만 흑A에는 대응 수단이 있다.

238

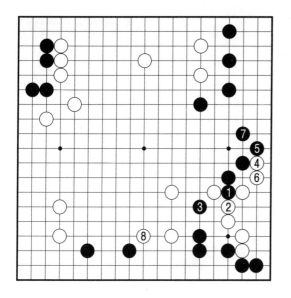

그림11(준비 수단)

앞 그림 이후 흑은 기
세상 ❶로 뚫고 ❸에
공격하는 정도인데, 백
④, ⑥(선수 삶)이 준
비된 수습책이다. 흑❼
이 불가피할 때 백⑧로
어깨짚어 하변을 수습
하면 전혀 불만 없는
결말이다.

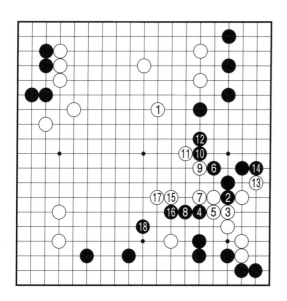

그림12(실전 진행)

실전에선 자신의 단점
에 아랑곳하지 않고 ①
로 눈목자해서 세력을
키우는 작전으로 맞섰
다. 그러나 흑❷~⓲로
공격하면서 우변과 하
변을 크게 굳혀서는 흑
이 두기 편한 바둑이다.

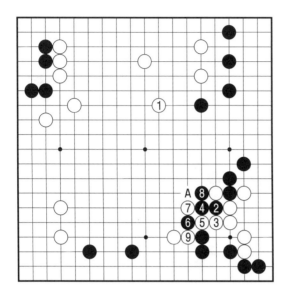

그림13(성급한 끊음)

백①로 크게 키웠을 때 곧장 흑❷로 끊는 것은 성급. 백③~⑨로 진행되면 백A가 선수로 듣는 만큼 흑 한 점이 축에 걸린다.

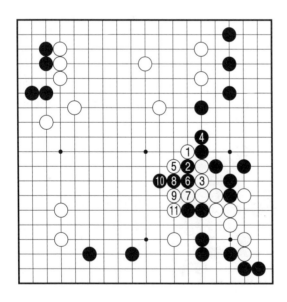

그림14(상용의 수순)

백① 때 흑이 침착하게 ❹로 느는 것은 정수. 자칫 흑❷를 결정한 후 ❹에 두기 쉬운데, 그랬다가는 백⑤ 이하 ⑪까지의 상용 수순에 의해 흑이 안 된다.

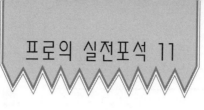
프로의 실전포석 11

제3장 프로의 실전포석
제3장 프로의 실전포석
제3장 프로의 실전포석 제3장
제3장 프로의 실전포석 제3장
제3장 프로의 실전포석 제3장
제3장 프로의 실전포석 제3장
제3장 프로의 실전포석 제3장

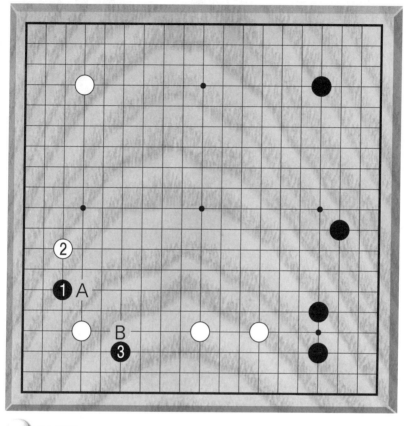

🔵 **둘 차례**

제8기 동양증권배 세계바둑대회 8강전에서 왕레이 6단(흑)과 조훈
현 9단의 실전대국 장면이다. 흑❶로 걸치고 백②로 협공했을 때
흑이 3·트에 들어가지 않고 ❸으로 양걸침한 모습이다. 계속해서
백의 다음 착점이 작전의 기로인데, A와 B를 중심으로 변화를 검
토해 보기로 한다.

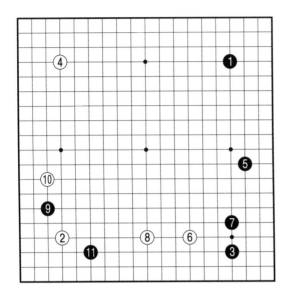

그림1(경과도)

흑❶, ❸, ❺의 중국
식 포진에 대해 백은
②, ④의 2연성으로
맞서서 출발했다. 백⑥
때 흑❼로 굳힌 것은
온건한 응수. 좀더 적
극적으로 둔다면 흑은
⑧ 방면에서 협공하는
수도 가능하다.

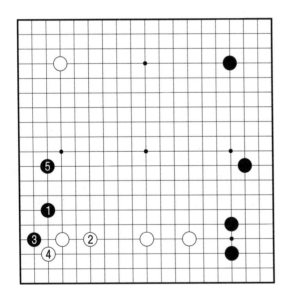

그림2(흑, 만족)

흑❶로 걸쳤을 때 백은
한 칸으로 협공하지 않
고 평범하게 ②로 받는
수도 가능하다. 그러나
흑❸ 때 백④는 지나
친 온건책이다. 흑❺로
두 칸 벌려 안정하고
나면, 기본 정석이지만
흑이 두기 편한 포석
진행이 된다.

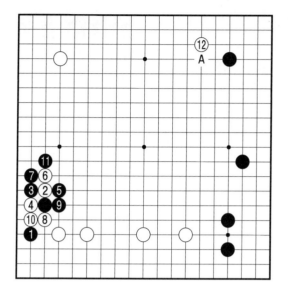

그림3(백의 적극책)

흑❶에 대해서는 백②
로 두는 것이 적극적인
착상으로 현대적인 수
법이다. 계속해서 흑❸
으로 젖힌다면 백④로
맞끊는 것이 맥점이다.
이후 백은 ⑫ 또는 A
에 걸쳐 축머리를 활용
하면 백이 발빠른 포석
이다.

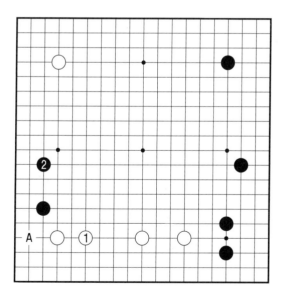

그림4(흑의 선택)

백①로 받았을 때 흑은
앞 그림의 진행을 피해
A로 날일자하지 않고
단순하게 ❷로 두 칸
벌리는 것이 보통이다.
이 진행이면 피차 불만
없는 결말이다.

243

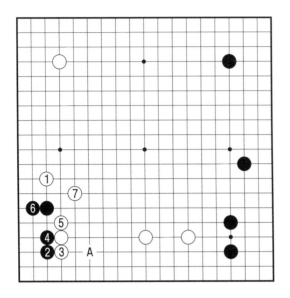

그림5(평범)

백①로 협공했을 때 실전에서 흑은 A로 양걸침했는데, 그냥 3·三에 들어가면 평범하다. 그러나 실전에서 흑은 하변 백 모양이 이상적인 모습이라 이 진행을 꺼린 듯하다.

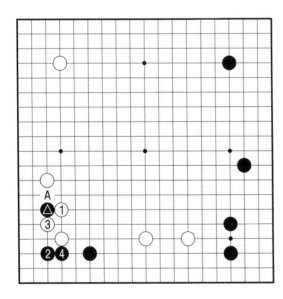

그림6(흑, 만족)

장면도로 돌아가서 백①로 붙이는 변화이다. 계속해서 흑❷로 3·三에 들어가는 것은 가장 쉽게 생각할 수 있는 수단. 이후 백이 ③으로 막는다면 흑❹로 연결해서 흑이 유리하다. 흑△ 한 점은 기회를 봐서 A로 움직이는 수단이 성립한다.

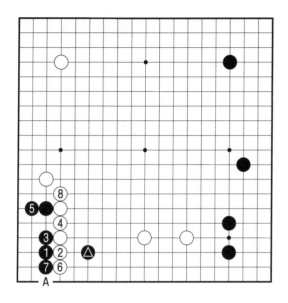

그림7(흑, 불만)

그러나 흑❶의 3·三 침입에는 앞 그림처럼 처리하지 않고 ②로 막는 강수가 성립한다. 백 ⑥, ⑧로 두텁게 외세를 확립해서 백이 유리하다. 이 형태는 백A로 젖혀 잇는 것이 선수인 관계로 흑△ 한 점이 매우 약한 모습이다.

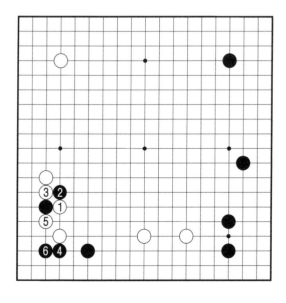

그림8(올바른 수순)

백①의 붙임에는 흑❷로 젖힌 후 ❹에 붙이는 것이 올바른 수순이다. 이러한 수단이 성립하기에 장면도 이후 백①로 붙이는 것은 의문이다. 흑❹ 때 백이 ⑤로 물러선다면 흑❻으로 실리를 차지해서 흑이 유리한 결말이다.

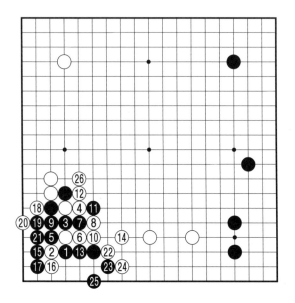

그림9(백의 최강)

흑❶로 붙이면 백은 ②로 젖히는 것이 최강이자 최선의 응수이다. 계속해서 흑❸으로 단수치고 이하 백㉖까지는 정석화된 수순인데…

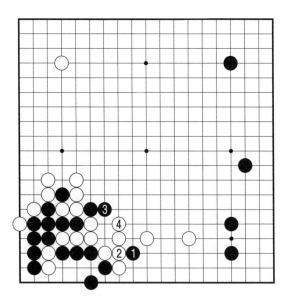

그림10(뒷맛)

앞 그림 이후 흑은 기회를 봐서 ❶, ❸으로 움직이는 뒷맛이 성립한다. 백②, ④의 보강이 불가피한 만큼 백의 세력은 완전하다고 볼 수 없다. 물론 흑은 결행 시기를 잘 선택해야 한다.

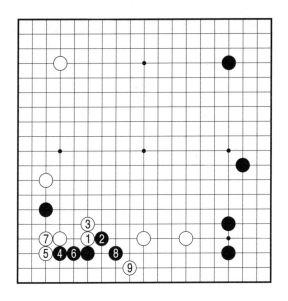

그림11(실전 진행)

장면도 이후 백은 ①로 붙였는데, 이것이 현명한 선택이었다. 계속해서 흑❷로 젖히고, 이하 백⑨까지가 실전 진행인데, 피차 최선을 다한 불만 없는 갈림이다.

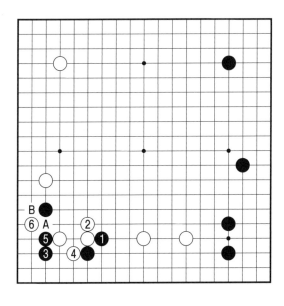

그림12(흑, 곤란)

흑❶, 백② 때 흑이 실전처럼 처리하지 않고 곧장 3·三에 들어가는 것은 좋지 않다. 백④, 흑❺ 때 백⑥이 통렬한 급소 일격으로 A와 B가 맞보기로 남는 만큼 흑이 곤란하다.

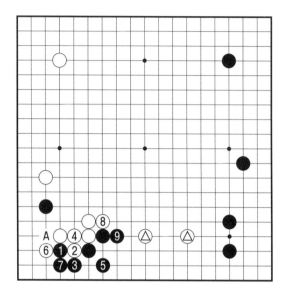

그림13(백, 불만)

[그림11]의 수순 중
흑❶로 붙였을 때 백⑥
으로 젖히지 않고 자칫
백②, ④로 끼워 잇기
쉬운데, 이 경우엔 좋
지 않다. 이하 ❾까지
가 기본형인데, 백으로
선 △ 두 점이 약화됐
을 뿐 아니라 A의 약점
까지 부담으로 남는다.

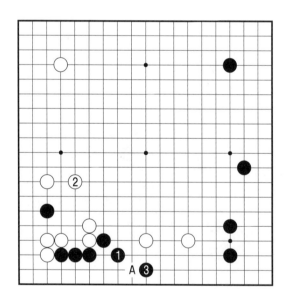

그림14(온건책)

[그림11]의 수순 중
흑❶로 호구쳤을 때 백
A로 날일자한 것은 적
극적인 수단이다. 백A
에 두지 않고 온건하게
처리하고자 한다면 백
②로 한 칸 뛰는 것이
형태상의 급소이다. 흑
❸으로 날일자해서 일
단락인데, 이것은 피차
불만 없는 갈림이다.

석 제3장 프로의 실전포석
석 제3장 프로의 실전포석
석 제3장 프로의 실전포석
석 제3장 프로의 실전포석
석 제3장 프로의 실전포석
석 제3장 프로의 실전포석
석 제3장 프로의 실전포석

제3장 프로의 실전포석 제3장
제3장 프로의 실전포석 제3장
제3장 프로의 실전포석 제3장
제3장 프로의 실전포석 제3장
제3장 프로의 실전포석 제3장
제3장 프로의 실전포석 제3장
제3장 프로의 실전포석 제3장

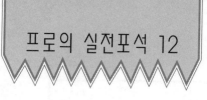

프로의 실전포석 12

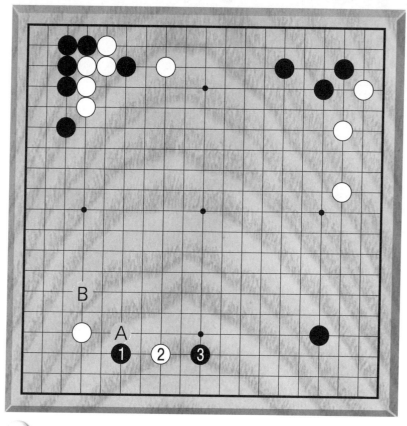

 둘 차례

제1회 LG배 세계기왕전 준결승전에서 마샤오춘 9단(흑)과 이창호 9단간의 실전대국 장면이다. 흑❶로 걸치고 백②로 협공한 것까지는 평이한 진행인데, 흑❸으로 협공해 왔다. 계속해서 백의 다음 착점이 작전의 기로인데 A와 B를 중심으로 이후의 변화를 검토해 보기로 한다.

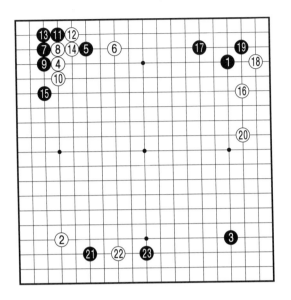

그림1(경과도)

두 대국자가 양 화점으로 맞선 포석 형태이다. 좌상귀와 우상귀의 정석 형태는 실전에 흔히 등장하는 기본형. 흑㉑ 때 백㉒로 협공하는 수 역시 기본형에 속하는데, 흑이 ㉓으로 변화해서 장면도가 이루어졌다.

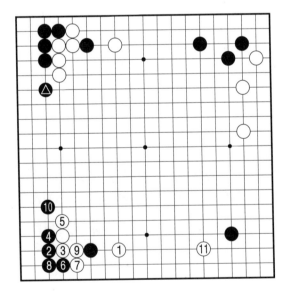

그림2(백의 의도)

백①로 협공했을 때 흑이 3·三에 침입하면 이하 흑❿까지 가장 알기 쉬운 정석 형태가 된다. 그러나 흑으로선 흑△의 위치가 저위여서 다소 마음에 들지 않는다. 백⑪로 걸쳐서 백이 활발한 포석이다.

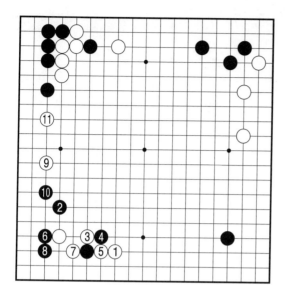

그림3(흑의 변화)

백①때 흑❷의 양걸침
은 많이 생각한 수. 그
러나 이하 흑❽까지 진
행되고 난 후 백이 ⑨,
⑪로 좌변에서 두 칸
벌려 안정하고 나면 흑
으로선 좋은 결과를 기
대할 수 없다.

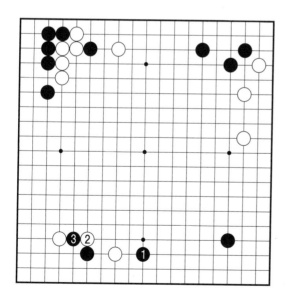

그림4(흑의 의도)

장면도로 돌아가서 흑
이 ❶로 둔 것은 백②
로 막아 달라는 것이
다. 그러면 흑❸으로
끼우는 것이 준비된 수
순. 계속해서…

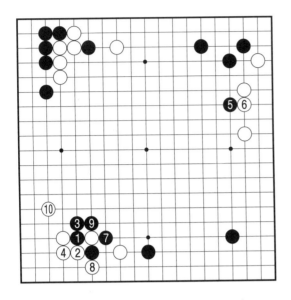

그림5(유력한 축머리)

흑❶로 끼우면 백은 축 유리를 전제삼아 ②로 단수친 후 ④에 잇는 것이 상용 수순이다. 그러나 흑❺가 유력한 축머리 활용하고 흑❼로 빵따내면 흑으로선 전혀 불만 없는 결말이다.

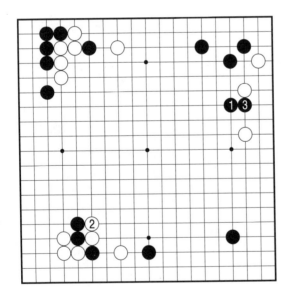

그림6(백의 반발)

흑❶ 때 백②로 밀어 올리면 앞 그림과 같은 변화는 피할 수 있다. 그러나 흑❸으로 관통 당한 모습이 워낙 뼈아 프다.

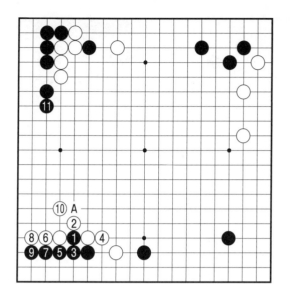

그림7(흑, 충분)

흑❶로 끼웠을 때 백②
로 단수친 후 ④에 느
는 변화이다. 흑은 이
하 ❾까지 귀에서 안정
하는 것이 요령이다.
계속해서 백은 흑A의
껴붙임을 피해 ⑩으로
호구치는 정도인데, 흑
⓫이 백 세력을 견제하
는 침착한 요점이 된
다. 전체적으로 흑이
앞서는 포석이다.

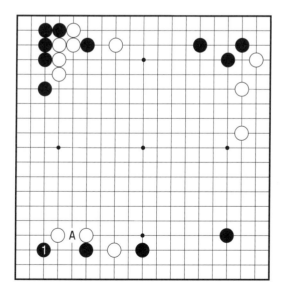

그림8(흑의 간명책)

흑❶의 3·三 침입은
A의 끼움에 비해 간명
을 기하고자 할 때 유
력한 수단이다. 계속해
서…

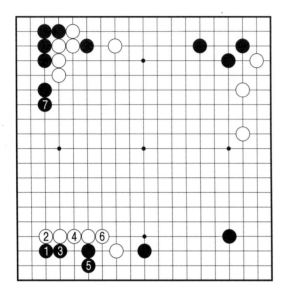

그림9(흑, 충분)

흑❶ 때 백은 ②로 막는 정도이다. 계속해서 흑❸으로 연결하고 이하 백⑥까지는 쌍방 이런 정도의 곳인데, 흑❼이 백 세력을 견제하는 절호점이 된다. 흑으로선 [그림7]과 대동소이한 결말이다.

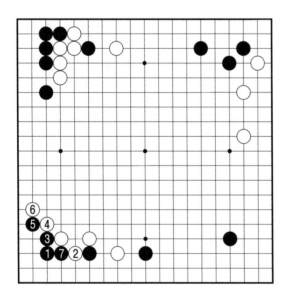

그림10(백의 강경책)

흑❶ 때 백②로 호구친 후 흑❸을 기다려 백④, ⑥으로 2단 젖히는 것은 강경 수단이다. 그러나 흑에겐 ❼로 치받는 묘수가 준비되어 있어 백의 강경수단은 큰 실효를 거두지 못한다. 계속해서…

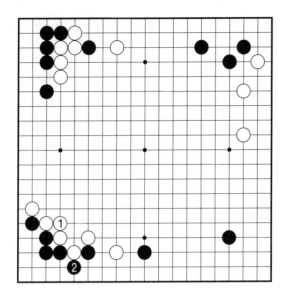

그림11(흑, 만족)

앞 그림에 계속해서 백은 양단수를 피해 ①로 잇는 정도인데, 흑❷로 연결하고 나면 백의 작전 실패이다.

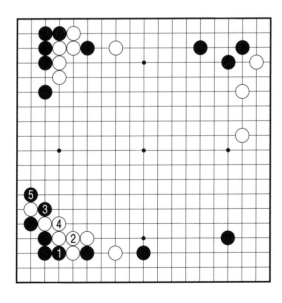

그림12(백, 망함)

그렇다고 흑❶ 때 백②로 잇는 수는 더욱 좋지 않다. 흑이 ❸, ❺로 단수쳐서 백 한 점을 잡고 나면 백으로선 괜히 한 점만 보태 준 꼴이 됐다.

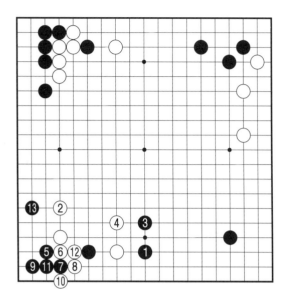

그림13(실전 진행)

흑❶ 때 평범하게 백②로 한 칸 뛴 것이 실전인데, 백으로선 현명한 선택이다. 계속해서 흑❸으로 한 칸 뛰고 이하 흑⓭까지의 진행이 이루어졌는데, 피차 충분히 둘 수 있는 형태이다.

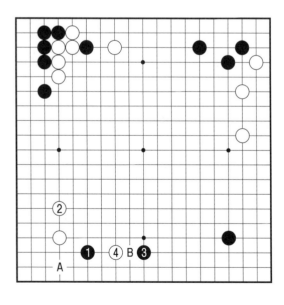

그림14(착수 분석)

실전 진행의 착수를 분석해 보면 흑❶로 걸쳤을 때 백②로 받고 흑이 ❸으로 세 칸 벌리자 백④로 침입한 모습이다. 흑❸으로는 A에 날일자하거나 B에 두 칸 벌리는 것이 보통인데, 흑이 능동적으로 세 칸 벌리고 백도 과감하게 흑의 엷음을 찔러 간 형태임을 알 수 있다.